MARÍA ISABEL PUERTA RIERA (Venezuela, 1969).
Politóloga egresada de la I Promoción de la Universidad
Fermín Toro, con Maestría en Ciencia Política y
Administración Pública y Doctorado en Ciencias Sociales,
mención Estudios Culturales, de la Universidad de
Carabobo. Alcanzó la categoría de profesora asociada
de la Facultad de Ciencias Económicas y Sociales
en la Universidad de Carabobo, donde fue electa
representante profesoral y secretaria de la Seccional de la
Asociación de Profesores de la Universidad de Carabobo
en la Escuela de Administración Comercial y Contaduría
Pública. Se desempeñó como profesora de posgrado en
la Universidad de Carabobo y la Universidad Central de
Venezuela. Fundadora del Grupo de Investigación en
Política e Instituciones de la Universidad de Carabobo,
fue miembro del Programa de Estímulo a la Innovación
e Investigación (PEII) de Venezuela. En la actualidad es
investigadora asociada de Gobierno y Análisis Político
A. C. (México) y profesora de Política Internacional y
Gobierno de los Estados Unidos en Valencia College,
Estados Unidos, donde reside actualmente. Es la
secretaria del Comité Ejecutivo de la Sección de Estudios
Venezolanos de LASA (2022) y miembro del Comité de
Estatus de la Facultad de Contigencia en la Profesión de
la Asociación Americana de Ciencia Política APSA (2022).
Es miembro de la Red de Politólogas.

ISBN: 978-84-123371-8-1

www.maripuerta.com
Correo electrónico: maripuerta@maripuerta.com
Twitter: @maripuerta

Corrección de estilo
Magaly Pérez Campos
Maquetación y diseño de cubierta
Alfa Digital - www.alfadigital.es
Imagen de portada
Ruins of the Parthenon (1880), Sanford Robinson Gifford
Corcoran Collection, National Gallery of Art (Washington)
Retrato de la autora
JCP Portraits
Impresión digital
Amazon KDP

MARÍA ISABEL PUERTA RIERA

CRISIS DE LA DEMOCRACIA:

¿EN EL UMBRAL DE LA POSDEMOCRACIA?

Índice

Discutir la democracia: prólogo a una obra oportuna

ARMANDO CHAGUACEDA[1]

La política es esa esfera de la acción humana orientada al manejo social de los conflictos. Opera mediante la implementación de decisiones vinculantes —conforme a reglas— capaces de imponerse —mediante la fuerza, si fuese necesario— a los miembros de la comunidad. Las fronteras de la política se han expandido con el tiempo para regular los conflictos de clase, género, creencia, raza, entre otros. Su carácter vinculante diferencia a la acción política de la fidelidad familiar —fundada en nexos de sangre—, la cooperación social —basada en la ayuda mutua— y la lógica —mercantil, transaccional— de la economía. La política no es *per se* buena o mala: bajo su manto confluyen dominación y emancipación, conflicto y consenso, en el *gobierno de los hombres* y la *administración de las cosas*.

La historia humana ha sido, en buena medida, un relato de política autocrática basado en el predominio de caudillos y camarillas, de disímil credo, sobre sus poblaciones. No obstante, con variable y creciente fuerza, una alternativa se

---

1 Politólogo por la Universidad de La Habana (Cuba) e historiador por la Universidad Veracruzana. Investigador de Gobierno y Análisis Político y experto-país del proyecto V-Dem. Especializado en el estudio de los procesos de democratización y "autocratización" en Latinoamérica y Rusia.

volvió mundialmente aceptable en los últimos dos siglos: la idea de que los de abajo pueden ejercer el autogobierno colectivo, eligiendo y sancionando a sus autoridades; expresarse, con voz y derechos, en el espacio público. Es la idea, creativa y contingente, de la democracia, que este nuevo libro toma como objeto de reflexión.

Nace este trabajo de la fecunda vida intelectual y acción cívica de una colega venezolana a la que me unen varios años de intensa colaboración. María Isabel Puerta es un digno ejemplo de lo mejor de la academia y de la sociedad civil de la entrañable nación sudamericana. Esas que, en el marco de un proceso de autocratización, han encontrado la energía y claves para mantener viva la condición de la ciudadanía e intelectualidad pública. En sus años de formación, docencia e investigación en su país natal, primero, así como en los duros avatares del exilio, la profesora Puerta ha ido cimentando una trayectoria respetada en el ámbito de las ciencias políticas latinoamericanistas y la teoría política comparada.

La obra viene a abonar, desde las coordenadas latinoamericanas, a un debate imprescindible donde teoría, epistemología y praxis democráticas se entrelazan. Al decir de la autora: "En esta propuesta de discusión se pretende caracterizar a la democracia en el terreno de la teoría política contemporánea, constituyendo un aporte en el sentido de que pretende encontrar en la teoría política aquellos elementos que definen la crisis de la democracia y como esta se manifiesta, en una aproximación a la idea de posdemocracia que se presentará más adelante, como expresión de la superación de las debilidades del ideal democrático moderno".

La democracia, a diferencia de otros regímenes políticos y socioeconómicos, expande, simultáneamente, medios

—sujetos, instituciones y derechos— y fines —participación individual, autogobierno colectivo— en la regulación de la convivencia política. Su núcleo es un **orden político** —régimen *democrático*— que institucionaliza los valores, prácticas y reglas que hacen efectivos los derechos a la participación, representación y deliberación políticas y la renovación periódica de los titulares del poder estatal. Pero también conjuga un **ideal normativo** —que cuestiona las asimetrías de jerarquía y poder dentro del orden social—, un **movimiento social** —que reúne actores, luchas y reclamos *democratizadores* expansivos de la ciudadanía—, y un **proceso sociohistórico** —con fases y horizontes— de *democratización*.

En su modalidad realmente existente, la democracia adopta hoy la forma poliárquica de *república liberal de masas*. Lejos de la crítica radical que la simplifica a ser mera *simulación oligárquica*, la institucionalidad de estos *regímenes* rebasa el formato liberal clásico —electoral, partidario, parlamentario— y abarca los mecanismos de innovación democrática y los nuevos movimientos sociales autónomos. Dentro de este régimen, los sectores medios y populares, a través de una dialéctica ciudadanizante —que abarca los momentos de lucha social, reconocimiento legal e incorporación política pública— han conseguido beneficios más perdurables y protegidos que bajo los populismos y autocracias de diverso cuño. Incluso si consideramos que las *repúblicas liberales de masas* padecen procesos de corrupción —inherentes al funcionamiento mismo del sistema— y oligarquización del poder —con minorías que abusan de las reglas del juego para perpetuar sus privilegios— dentro de un respeto general por el Estado de derecho, la experiencia nos indica que estos son contrarrestables.

Como señala con agudeza la profesora Puerta: "La democracia de estos tiempos suele estar asociada a la condición de crisis. Hay una variedad de designaciones y etiquetas que dan la idea de un proceso gradual de deterioro (erosión), con elementos de retroceso (*backsliding*) y reversión de la democratización (desdemocratización)". Y es que la democracia ha resistido declives periódicos en su historia[2]. Pensemos en el período de entreguerras (1918-1939), cuando tantos intelectuales de Occidente, seducidos por los totalitarismos, vaticinaron el fin del liberalismo enfermo y el triunfo del Estado de partido. O cómo, durante la Guerra Fría, las apuestas del comunismo y los nacionalismos periféricos acabaron a la postre siendo superadas por los diseños políticos y económicos de las repúblicas liberales de masas. Las olas de democratización han surgido siempre cuando no se las esperaba.

La democracia —entendida como vocación por acotar el poder omnímodo de los gobernantes y participar en el autogobierno colectivo— no es privativa de una cultura o religión. Hoy la practican poblaciones de legado confuciano, cristiano, musulmán y hasta ciudadanos agnósticos. En aquellos sitios donde la creíamos culturalmente ajena y ausente —desde las tribus árabes o africanas a las regiones latinas y asiáticas— ha sido invocada, una y otra vez, a lo largo de los últimos dos siglos[3], pese al poder, aparentemente imbatible, de reyes, caciques y tiranos.

Hay, además, una poderosa razón antropológica para no aceptar la idea del final de la democracia. Pese al valor que asignemos a la famosa —y debatida— pirámide de Maslow, las

<hr>

2   Véase David Runciman, *The Confidence Trap: A History of Democracy in Crisis from World War I to the Present*, Princeton University Press, 2015.

3   Véase John Keane, *The Life and Death of Democracy*, Simon & Schuster, 2009.

personas tenemos diversos órdenes de necesidades —imperativos y simultáneos—. A la demanda de seguridad, abrigo y alimento que puede proveer un déspota ilustrado, sumamos unos reclamos de agencia y libertad básicos, resilientes, universales, incapaces de existir sin participación libre de la gente.

Señala la Dra. Puerta que: "La discusión sobre las debilidades de la democracia conduce necesariamente no solo a la reflexión sobre su definición y naturaleza, sino que además obliga a buscar nuevas articulaciones y a vencer los antagonismos creados por otros modelos de pensamiento", por lo que quien busque en esta obra recetas acabadas y teleologías estimulantes deberá abandonarla.

Como su hacedora lo indica, este libro se hace "con la intención de trazar otros horizontes sobre la interpretación de la crisis de la democracia, aspirando a que sea el inicio de una amplia discusión acerca de las posibilidades de ver a la democracia a través de otros lentes, alejados del reduccionismo o la simplicidad de una discusión sobre si se trata de libertad *versus* igualdad; o de su incapacidad estructural para superar las crisis cíclicas que la aquejan, pues lo relevante son los problemas inherentes a la naturaleza de su modelo, su capacidad de respuesta ante los desafíos y su constante reinvención". Aventúrese, lector, en las rutas de este provechoso viaje intelectual, del cual, seguramente, saldrá con más provocaciones e inquietudes en torno al presente y al futuro de nuestra comunidad política.

La democracia en el contexto de la ciencia política

La noción de ciencia queda precisada, pues,
cuando se diferencia de la filosofía, y presupone que un saber
científico se ha separado del *alma mater*: el saber filosófico.

GIOVANNI SARTORI.
LA POLÍTICA: LÓGICA Y MÉTODO EN LAS CIENCIAS SOCIALES

La ciencia política en crisis
La democracia y su crisis

En el ámbito de la ciencia política, es un tema frecuente de discusión su agotamiento, lo que para voces calificadas no es sino el reflejo de una profunda crisis que la aqueja (Sartori, 2004; Cansino, 2006).

Es por ello por lo que, partiendo de la idea de que la ciencia política (o politología) es una disciplina relativamente nueva, a diferencia de otras de mayor antigüedad (economía y sociología), se puede argumentar su inmadurez para justificar la crisis que vive; sin embargo, esa sería a todas luces una explicación simplista, pero que no necesariamente se debe descartar.

La ciencia política como ciencia social fue desarrollándose conjuntamente con el Estado, en la medida en que este fue avanzando hacia formas liberales y democráticas.

La razón es muy simple: la política, y su análisis como objeto de estudio, tiene un carácter radicalmente distinto cuando la inmensa

mayoría de sus miembros están formalmente excluidos de toda
acción política y, por supuesto, no se les reconoce opinión en relación con el gobierno. Mientras la economía y la sociología incluyen a todo el conjunto social y se hacen necesarias para la propia
comprensión y desarrollo del sistema económico y social, la politología (que no el pensamiento político) no tiene un campo de
investigación determinado más allá del Estado como organización e institución de gobierno (Caminal, 2005: 22).

En el sentido en que aquí se plantea, para la política, la
democracia constituye uno de sus temas centrales (Alcántara,
2004: 129). En la medida en que la política se acerca a la
sociedad, con la democratización del Estado, se hace posible
identificar prácticas políticas en el seno de la sociedad: derechos
políticos, participación política, organizaciones políticas, ideas
políticas, que se constituyen en su objeto de estudio, forma-
lizando así a la ciencia política como una disciplina científica
con independencia.

> Cuando la política ya no es actividad exclusiva de unos pocos,
> cuando se generaliza y se hace anónima en decisiones tan tras-
> cendentes como la elección de los gobernantes, surge la necesi-
> dad de estudiarla de una manera distinta: haciendo uso, como
> en la sociología y la economía, del método empírico y las técni-
> cas estadísticas (Caminal, 2005: 23).

Sin embargo, la ciencia política constituye un vasto
campo donde coinciden numerosas disciplinas pertenecientes
a las ciencias sociales, caracterizado por la especialización, la
fragmentación y la hibridación (Dogan, 1998: 97; Haluani,
1990: 38), cuyos intercambios con otras disciplinas se dan a

través de los campos especializados, por lo que su crisis debe ser vista, sin aislarla del contexto en el cual se inserta, como la ciencia encrucijada que es.

No se puede perder de vista la naturaleza de la relación de la ciencia política con la filosofía, la sociología, la antropología, la historia y la psicología, pues ellas alimentan a la ciencia política a través de sus disciplinas auxiliares, como lo son la filosofía política, la sociología política, la antropología y la psicología políticas; de allí que la ciencia política sea una disciplina que deba ser abordada desde un enfoque multi- y transdisciplinario.

Esa confluencia de conocimientos, en la que se mezclan objetos de estudio y métodos, necesariamente ejerce una significativa influencia en la evolución de la ciencia política y de sus definiciones ineludibles, pero no por ello carece de autonomía con respecto a las otras disciplinas, porque tiene sus propias reglas que la diferencian (Sartori, 1996: 229).

La crisis de la ciencia política entonces debe verse dentro de una crisis de mayor dimensión, la de la modernidad, como parte de la caducidad de un modelo de vida que se agota por las nuevas valoraciones de una sociedad en la que sus premisas fundamentales ahora giran en torno al conocimiento, la información y la cultura posmoderna, lo que lleva a pensar que lo que está en crisis es la forma de aproximarse a los problemas.

El espíritu moderno condujo a la ciencia política a observar y clasificar los fenómenos políticos de manera fragmentada y parcializada, en la que de forma consistente se planteaba la ocurrencia de los fenómenos políticos en términos de antagonismos y luchas.

Para Arendt (1997) la política está dirigida a ocuparse del caos en el que se sumergen las relaciones entre los hombres debido a su diversidad, pues aun cuando se refiere *al hombre,* ello alude al hecho de que son los unos y los otros, porque es solo en plural como se puede concebir la política. Sin embargo, más adelante señala Arendt que el sentido de la política es la *libertad,* pues se trata de que el fin de la política sea realmente la misma libertad, que es el instrumento para alcanzarla, y la libertad propiamente se encuentra en lo político (1997: 45). A decir de Sánchez (2004: 147), el cuerpo conceptual del pensamiento de Arendt se ubica en su intento por recuperar el sentido de la acción política como la más alta actividad humana.

Pero no es menos cierto que no se ha escapado a la tentación de pensar que, con la democracia, se alcanza el final del camino, superando todos los obstáculos para una convivencia política equilibrada. Es de recordar la audaz afirmación que señalaba la culminación de la evolución ideológica de la humanidad (Caminal, 2005: 20), con la universalización de la democracia liberal occidental como la forma última de gobierno humano. Según Fukuyama (1992), al entrar en crisis los autoritarismos y la centralización del poder, la única ideología con validez universal es la democracia liberal, la concepción individual de la libertad y la soberanía popular.

Lo que esto significa es que las realidades políticas ya no obedecen a rígidos patrones formulados a partir de concepciones estrictamente filosóficas, ni se trata de la lectura estricta desde valoraciones cuantitativas. En la ciencia política, el debate de los últimos tiempos ha girado alrededor de la democracia y sus crisis (Bobbio, 2003; Sartori, 2004).

Como teoría política, la democracia ha generado intensas y numerosas discusiones acerca de la naturaleza de su modelo. A lo largo de la historia del pensamiento político, es posible encontrar a destacados autores que han dedicado sus esfuerzos a profundizar sobre la democracia como modelo político: Desde Aristóteles y Platón, pasando por Tocqueville, Macpherson hasta Dahl, Bobbio, Sartori y Bovero, entre muchos otros. Desde la antigüedad hasta el presente, la democracia ha sufrido cambios y transformaciones tanto en su interpretación como en su ejercicio, estimulando amplias discusiones en torno al tipo de democracia más idóneo.

Las crisis contemporáneas de la democracia han conducido a justificar la adopción de posiciones radicales bajo el argumento de la pureza del modelo. A este respecto, se ha generado en algunos espacios de discusión de la ciencia política un debate en relación con los modelos que mejor expresan la esencia democrática.

Como modelo político, la democracia ha estado sometida a profundos cuestionamientos, exacerbados en tiempos recientes debido a los problemas de gobernabilidad que experimentan algunos países, especialmente en América Latina, donde se ha cuestionado a la democracia representativa.

Para Bobbio (2003), una definición mínima de la democracia comprende la potestad de unos cuantos individuos, reconocida por los miembros de su comunidad, para tomar decisiones que afectan a todo el colectivo, sobre la base de unas reglas que deben contener los procedimientos mediante los cuales se deben realizar las acciones. La discusión en la actualidad se centra en cómo lograr que la democracia trascienda esa representatividad y se consolide la participación, que no democracia directa.

Es aquí donde se llega al fenómeno que ha ocupado buena parte de la reflexión intelectual de estos tiempos: la crisis de gobernabilidad, a la que Bobbio considera una sobrecarga del sistema político, incapaz de dar respuestas (2003: 45), y que ha dado paso a una etapa de erosión o retroceso que está cuestionando profundamente el orden democrático liberal que habíamos conocido hasta ahora.

Entonces, ¿tiene sentido seguir hablando de la democracia participativa para rescatar la gobernabilidad perdida y así poder superar el fracaso del modelo representativo? Bobbio afirmaba que el problema se debía a que se había desarrollado la democracia política, olvidándose de la democracia social, y que mientras no se democratice la sociedad, el problema no estará en la mayor o menor participación; lo que se requiere es una mayor comprensión y ejercicio social de la democracia (Bobbio, 2003).

El camino hacia un modelo más satisfactorio requiere una sociedad abierta al disenso, pluralista, con una amplia base de distribución del poder, que inevitablemente pueda conducir hacia una sociedad civil democrática capaz de ampliar la democracia política, lo que para Bobbio (2003) hacía innecesario apelar a la democracia directa. Ese parecía ser el norte de la democracia participativa.

La democracia como expresión de la organización del poder político ha sido vista por la ciencia política contemporánea como una referencia de las sociedades modernas; sin embargo, esta puede que no sea una interpretación acertada, como bien lo señala Dahrendorf:

> … cuando la democracia llega a regiones del mundo anteriormente gobernadas por regímenes autoritarios, el término se utiliza para englobar toda la gama de los valores modernos: libertad, ciertamente; igualdad, que Tocqueville fue el primero en llamar democracia, y, más recientemente, fraternidad. El término

"democracia" se convierte así en sinónimo de buena sociedad, y también esto es un desagradable error.

… La democracia es la voz del pueblo que crea instituciones, las cuales controlan el gobierno y hacen posible cambiarlo sin violencia. En este sentido el "demos", el pueblo, es el soberano que da legitimidad a las instituciones de la democracia (2002: 10).

Para Guevara (1997), resulta indispensable dejar de ver la democracia como un mero instrumento en el que se encuentre ausente un compromiso valorativo determinado, pues si no se entiende como una forma de vida, más que como modelo político, no será suficiente su imposición y siempre habrá algún resquicio por donde se colarán no solamente las tendencias elitistas, sino —mucho más grave aún—, las vocaciones autoritarias para mantener el sistema de privilegios.

Ante este panorama, ¿qué ha aportado la ciencia política al debate? En el caso de América Latina, si se observa la discusión, esta se ha concentrado en el desempeño democrático, desde el populismo hasta la ruptura revolucionaria, aun cuando en algunos casos solo se limiten a lo meramente discursivo (Naím, 2009).

En este orden de ideas, el debate reflejaba una dinámica histórica de unos países que oscilaban entre períodos en los cuales prevalecían las recetas de los organismos multilaterales, que luego provocaban respuestas de ruptura con dicho modelo y sus efectos negativos. La discusión sigue siendo, entonces, cómo superar ese ciclo de cambios que no conducen a una transformación o ruptura, sino que representan la vuelta a esquemas que se habían superado.

Es entonces cuando se tiene que reconocer que la ciencia política ha sido eficiente en describir la realidad, en explicarla a la luz de variadas interpretaciones teóricas, pero... no ha llegado a convencer acerca de que con la sola descripción y explicación sea suficiente para resolver la cuestión política. Para definir la democracia que se requiere, el problema no es de semántica precisamente; es de perspectiva práctica, *operativa*.

Resulta entonces importante precisar el contexto teórico de la crisis de la democracia haciendo un recorrido desde sus orígenes, pasando por sus diferentes modelos, identificando la naturaleza de sus crisis y su circunstancia actual de erosión o declive democrático.

La democracia es un tema que representa un permanente objeto de estudio para la ciencia política, tanto si se trata de su alejamiento de la idea primigenia de la democracia directa como de sus actuales vicisitudes.

La democracia de estos tiempos suele estar asociada a la condición de *crisis*. Hay una variedad de designaciones y etiquetas que dan la idea de un proceso gradual de deterioro (erosión), con elementos de retroceso (*backsliding*) y reversión de la democratización (desdemocratización).

En esta propuesta de discusión se pretende caracterizar a la democracia en el terreno de la teoría política contemporánea, constituyendo un aporte en el sentido de que pretende encontrar en la teoría política aquellos elementos que definen la crisis de la democracia y cómo esta se manifiesta, en una aproximación a la idea de posdemocracia, que se presentará más adelante, como expresión de la superación de las debilidades del ideal democrático moderno.

La discusión sobre las debilidades de la democracia conduce necesariamente a la reflexión, no solo sobre su definición y naturaleza, sino que, además, obliga a buscar nuevas articulaciones y vencer los antagonismos creados por otros modelos de pensamiento.

Este texto se inscribe en esa dirección, con la intención de trazar otros horizontes sobre la interpretación de la crisis de la democracia, aspirando a que sea el inicio de una amplia discusión acerca de las posibilidades de ver a la democracia a través de otros lentes, alejados del reduccionismo o la simplicidad de una discusión sobre si se trata de libertad *versus* igualdad o de su incapacidad estructural para superar las crisis cíclicas que la aquejan, pues lo relevante son los problemas inherentes a la naturaleza de su modelo, su capacidad de respuesta ante los desafíos y su constante reinvención.

El contexto histórico de la democracia

La democracia requiere cierto tipo de fe y cierto tipo de escepticismo, pues es la fe democrática quien reconoce que la voluntad de la gente es la única fuente legítima de cualquier gobierno.

BURNS, PELTASON Y CRONIN.
GOVERNMENT BY THE PEOPLE

El tema de la democracia es, para la ciencia política contemporánea, un objeto indiscutible de debate. Habiendo nacido en la antigüedad, su desarrollo y transformaciones han ocupado un espacio importante de la discusión filosófica e histórica de los grandes pensadores de la humanidad. Su interés ha sido la comprensión de la democracia como teoría y su concepción en la praxis, lo que definitivamente no representa un tema acabado pues, mientras se mantengan las controversias entre las diferentes visiones sobre la democracia y su ejercicio, la búsqueda de ese ideal continuará siendo el centro de la discusión filosófica y política.

Antecedentes históricos de la democracia

En la antigua Grecia, los filósofos Sócrates (470-399 a. C.), Platón (428-347 a. C.) y Aristóteles (384-322 a. C.) fueron muy críticos de la experiencia democrática en Atenas. La democracia aparece en Atenas alrededor de los años 508-507 a. C. (Greblo, 2002: 20), partiendo de las reformas introducidas por Clístenes (570-507 a. C.) alrededor del año 520 a. C. —que retoma la Constitución de Solón de 594 a. C.— hasta la era de Pericles (495-428 a. C.), siendo suprimida en 322 a. C. por los macedonios.

La teoría política no recoge de forma explícita una teoría de la democracia ateniense; sin embargo, es posible encontrar, en los diversos períodos que definen su desarrollo, expresiones que representan su núcleo constitutivo: igualdad ante la ley, libertad de palabra, participación directa en el gobierno y tribunales populares entre otros aspectos (García, 2002: 94). La democracia griega descansaba en las diferencias socioeconómicas que le permitían limitar la participación de los individuos en las decisiones públicas, siendo que tal "gobierno de todos" era sin lugar a dudas el gobierno de una élite que Aristóteles criticó, describiendo el quiebre de la democracia griega por causa de la lucha de clases (Sartori, 1987b: 281).

En Platón y Aristóteles, la discusión se centraba en la libertad individual, que consideraban fuera de límites. En relación con la igualdad, Platón opinaba que la democracia asimilaba a aquellos que eran iguales con los desiguales, coincidiendo en este aspecto con Aristóteles. Para ambos pensadores, la democracia era el gobierno de los pobres contra los ricos, lo que dificultaba que un gobierno de esa naturaleza, guiado por intereses particulares, pudiese funcionar de manera virtuosa. Esa concepción de la democracia, en estos pensadores, no es sino el reflejo de los valores de una sociedad (a recordar, esclavista) en donde el régimen político inevitablemente traduce esos comportamientos.

Se debe observar la evolución de la democracia de manera análoga a la de la misma humanidad, en la que el poder político tardaría siglos en reconocer la conveniencia de transitar el camino democrático. Al aparecer el Estado, el absolutismo se consolida y es con la Revolución francesa cuando se logra desplazar este modelo, sin lograr que se produzca ningún intento por adoptar la democracia como modelo político. El liberalismo político sostenía profundas contradicciones con respecto al ideario democrático de la antigüedad, en donde la libertad individual y el sometimiento a la voluntad general se encontraban en franco antagonismo. La brecha se fue cerrando poco a poco, pero fue un desarrollo que tomó mucho tiempo.

En la discusión del pensamiento liberal se encuentra presente la obra de los pensadores Locke (1632-1704) y su *Ensayo sobre el gobierno civil* (1983), considerando que toda autoridad legítima es producto de la misma sociedad, y Montesquieu (1689-1755), reconocido por su obra *Del espíritu de las leyes* (1984), donde plantea la teoría de la separación de poderes con el propósito de dotar al Estado de una serie de dispositivos institucionales para que su acción estuviese limitada a un marco jurídico, garantizando con ello la protección de los derechos individuales.

En el ámbito de la teoría política, tanto Locke como Montesquieu son reconocidos como pensadores liberales y, por consiguiente, contrarios a los ideales democráticos. Sin embargo, Sartori señala que ellos, en su tiempo, no se consideraron *liberales* —palabra que, entendida en su naturaleza como política, fue acuñada por los españoles entre 1810-1811—. Los postulados liberales y democráticos se fueron consolidando en una misma expresión hacia finales del siglo XIX (1848), con la aparición del socialismo y la competencia que este representa, trasladando el antagonismo liberalismo-democracia hacia el socialismo. Ello explica la influencia que Locke y Montesquieu han tenido sobre el modelo democrático, habiendo sido identificados con el liberalismo (1987b: 367-398)[1].

Por su parte, en Rousseau (1712-1778) se encuentra el discurso de la democracia radical o directa, planteamiento central de su obra célebre *El contrato social* (1973). Para este filósofo, el bien común debía ubicarse por encima del bienestar individual. Rousseau propone una concepción distinta del ideal ateniense, al considerar que la libertad debe ser entendida como autonomía, es decir, capacidad para procurarse sus propias leyes en un ejercicio de independencia. Para lograr tal autonomía, se requiere el sometimiento a la ley "que es igual para todos" y la subordinación de la voluntad personal a la general. En Rousseau está claro que la democracia directa solo es posible en comunidades pequeñas, de forma que representa un ideal.

En su obra sobre la naciente democracia de los Estados Unidos, Tocqueville (1805-1859) muestra interés por el modelo político norteamericano, *La democracia en América* (1985), destacando que la participación ciudadana se traduce en una limitación para ambiciones despóticas, causante del crecimiento de la burocracia, al mismo tiempo que propicia un comportamiento cívico orientado hacia el bien común. Posteriormente, Tocqueville se referiría también a la democracia y su diferenciación con respecto al socialismo, al que consideraba vinculado solo por una palabra a la democracia: *equidad*, haciendo notar que la diferencia estribaba en que la democracia aspira a la igualdad en libertad, mientras que el socialismo desea la igualdad en la pobreza y la esclavitud, por lo que se inclinaba a favor de una democracia liberal (Sartori, 1987b: 373).

---

1   Sartori afirma que el componente liberal se evidencia en la sumisión política, la iniciativa individual y la forma de Estado, mientras que el componente democrático se observa en el bienestar, la igualdad y la cohesión social (1987b: 386).

En Constant (1767-1830), con su obra *De la libertad de los antiguos comparada con la de los modernos* (1995) se plantea una importante reflexión en relación con la dificultad procedimental para el ejercicio la democracia directa, de forma que la representatividad constituye un mecanismo para desarrollar los principios democráticos a través de otros instrumentos.

En los trabajos de Stuart Mill (1806-1873), en sus obras *Sobre la libertad* (1985) y *Del gobierno representativo* (2008), pueden encontrarse reflexiones sobre la idoneidad del gobierno democrático como garantía de que las decisiones políticas reflejen los intereses ciudadanos. En su condición de representante de la visión de la democracia como desarrollo, considera a la democracia como un medio inevitable para la profundización de los principios de libertad e igualdad en la sociedad, incorporando el elemento de participación en la concepción de la democracia representativa, a la que considera la mejor forma de gobierno (Stuart Mill, 1985).

Resulta importante hacer un inciso para acotar que estas discusiones se producen en una suerte de imbricada red que se teje entre unos y otros autores a través del tiempo, recordando la noción de "ruptura epistemológica", aportada por Bachelard y que desarrolla Althusser, quien se plantea "pensar la mutación de la problemática teórica contemporánea a la fundación de una disciplina científica" (Althusser, 1965: 25), y es allí cuando, en un amplio recorrido, se pasa de la filosofía moderna (siglos XVII-XVIII-XIX), comprendiendo esta las siguientes corrientes epistemológicas: racionalismo (Descartes, Spinoza, Leibniz); empirismo (Locke, Hume); idealismo (Kant, Fichte, Schelling, Hegel, Schopenhauer); utilitarismo (Bentham y Mill) e irracionalismo (Kierkegaard, Schopenhauer, Nietzsche); pasando luego a la filosofía contemporánea (siglos XIX-XX), la cual contempla: marxismo (Marx, Engels), positivismo (Comte, Stuart Mill), neopositivismo (Kuhn, Popper, Wittgenstein), existencialismo (Heidegger, Jaspers, Sartre, Camus), estructuralismo (Lévi-Strauss, Lacan, Althusser, Foucault), posestructuralismo (Lacan, Foucault, Barthes, Derrida, Deleuze, Jameson, Lyotard) y el posmodernismo (Deleuze, Baudrillard, Lyotard, Lacan, Foucault, Derrida, Lipovetsky, Žižek, Badiou).

El interés de esta propuesta es, por supuesto, considerar aquellos autores que han contribuido en la discusión sobre la teoría de la democracia desde cada una de sus respectivas corrientes filosóficas.

En el proceso de desarrollo de su teoría, la democracia moderna se ha construido a través de los presupuestos teóricos del liberalismo, lo que pudiese explicar la naturaleza de las críticas formuladas a la democracia representativa, que para autores como Sartori (2009) es la misma democracia liberal, que se encuentra vinculada al modelo económico capitalista, considerado predominante en tiempos modernos.

Otro autor que ha desarrollado el tema sobre la relación entre el liberalismo y la democracia es Plattner (1999), quien señala que la filosofía del liberalismo contiene dentro de sí las semillas de su propia democratización, dando como ejemplos la Declaración de Independencia de los Estados Unidos y la Declaración de los Derechos del Hombre y del Ciudadano de Francia, documentos en los cuales la igualdad constituye un valor supremo. Destaca también que Locke señaló en el *Ensayo sobre el gobierno civil* (1983), refiriéndose al Estado, como un "estado de igualdad, dentro del cual todo poder y toda jurisdicción son recíprocos, en el que nadie tiene más que otro…" (1983: 25).

En el ámbito de la crítica elitista de la democracia, una visión desde la economía la ofrece Schumpeter, quien refiere que el modelo democrático va a descansar en la construcción de un sistema de relaciones fundamentado en el poder obtenido por la vía electoral, entendiéndose que: "método democrático es aquel sistema institucional, para llegar a las decisiones políticas, en el que los individuos adquieren el poder de decidir por medio de una lucha de competencia por el voto del pueblo" (1983: 343).

Uno de los más importantes teóricos de la democracia, Bobbio, en *El futuro de la democracia* (2003), concibe la democracia como la forma de gobierno en la que rigen normas generales, las llamadas "leyes fundamentales", permitiendo a los miembros de una sociedad, por numerosos que sean, resolver los conflictos que necesariamente surgen entre los grupos que defienden valores e intereses contrarios sin hacer uso de la violencia recíproca.

Otro autor fundamental en la teoría de la democracia de estos tiempos es, sin duda, Sartori, cuyas obras: *Democratic Theory* (1962), *The theory of democracy revisited* (1987), *¿Qué es la democracia?* (1994), *Elementos de teoría política* (1999), *Homo videns* (2008) y *La democracia en 30 lecciones* (2009), refieren una trayectoria dedicada al estudio de la democracia en sus orígenes, valores, modelos y problemas, generando no pocos debates al respecto, cuando plantea la democracia como un modelo descriptivo y normativo, claramente diferenciado de la democracia directa, caracterizando el modelo moderno como democracia indirecta (representativa).

Una importante contribución es la de Dahl, con sus obras *Un prefacio a la teoría democrática* (1988), *La democracia: una guía para los ciudadanos* (1998) y *La democracia y sus críticos.*

Señala Dahl que: "La democracia garantiza a sus ciudadanos una cantidad de derechos fundamentales que los gobiernos no democráticos no garantizan ni pueden garantizar" (1998: 59). En este sentido, Dahl (1998) reconoce que la democracia se refiere tanto a un ideal como a una realidad. Para que un gobierno sea democrático, se requieren al menos cinco (5) criterios: participación efectiva, igualdad de voto, comprensión ilustrada, control de la agenda e inclusión de los adultos.

Otro importante teórico de la democracia es Macpherson, en cuya obra *La democracia liberal y su época* (1997) se presenta un detallado estudio sobre la esencia de la democracia liberal contemporánea, describiendo cuatro modelos de democracia: como protección, como desarrollo, como equilibrio y como participación; en la primera, esta se concibe como un sistema dirigido a garantizar una serie de atributos, como la libertad individual y la igualdad política; en la segunda, se entiende como el modelo que conduce hacia el desarrollo humano; en la tercera, se pretende lograr el equilibrio entre los sectores dominantes en la democracia, y la cuarta se expresa a través de la intervención del individuo en las decisiones públicas.

A Bobbio se lo reconoce como uno de los primeros pensadores en concebir la posible articulación teórica entre la democracia y el socialismo más allá de los postulados social-demócratas (Anderson, Bobbio y Cerroni, 1993). De igual forma, se pueden ubicar algunos antecedentes en pensadores como John Stuart Mill, para quien la visión de los socialistas era colectivamente... "uno de los más útiles elementos para el mejoramiento humano que actualmente existen" (Anderson, Bobbio, Cerroni, 1993: 12).

Asimismo, Russel (Anderson *et. al*, 1993) suscribió con vehemencia la posibilidad del socialismo gremialista (*guildist*).

Otros autores mencionados por Anderson (1993) son Hobson y su obra *Del capitalismo al socialismo*, Dewey y su obra *Liberalismo y acción social*. Se menciona también a Macpherson (1997) y su obra sobre la democracia liberal. De igual forma, se señala a John Rawls y su *Teoría de la justicia* (2002) y a Robert Dahl (1998), quien propone un modelo basado en el pluralismo político y la democracia económica.

Posterior a los acontecimientos de 1848, cuando tuvieron lugar los movimientos liberales, nacionalistas y obreros en Europa, la democracia comienza a hacer referencia al principio del poder popular en contraposición al modelo liberal burgués. Esta noción de democracia promueve sus prácticas más representativas en el ámbito social además del político. La democracia pensada desde el socialismo difiere de la liberal, al considerar que esta es una expresión de la ideología política construida sobre la desigualdad social, una forma corrompida de interpretación de la democracia antigua que solo será posible en la medida en que la democracia garantice la igualdad en todos los ámbitos de la vida del hombre: político, jurídico, económico y social (Greblo, 2002: 98).

> Para los socialistas la democracia es ese sistema de libertad política que debe permitir al pueblo crear un orden social en grado de acabar con los privilegios y las distinciones sociales, de modo que pueda verificarse la edificación de una democracia "social" que dé espesor y contenido a las libertades políticas, en ausencia de la cual el pueblo es defraudado en su soberanía, o mejor, en su identidad, en su libertad y en su poderío (Greblo, 2002: 97).

Para Marx, en *Crítica a la filosofía del Estado y del derecho de Hegel* (2004), la democracia solo es posible una vez superadas las diferencias entre los hombres, materiales y funcionales. La necesaria superación de las diferencias económicas, sociales y políticas sugiere no la transformación sino la sustitución de un modelo de relación Estado-sociedad donde el hombre no requiere la existencia de intermediaciones. La representación es una forma de sustitución de la voluntad del individuo, anulando su ejercicio de la libertad, que también resulta excluido de la misma relación Estado-sociedad. Las desigualdades se profundizan tanto en la exclusión social propiamente como en el ejercicio de derechos políticos. En Marx, la idea de escisión traduce la clave interpretativa de la modernidad, y en ella se reflejan las desigualdades en todos los ámbitos señalados (Greblo, 2002: 100). Greblo señala que Marx no considera conveniente la democratización de las instituciones del Estado liberal burgués a través de la incorporación de contenidos sociales, sino la eliminación del Estado, como aparato del modelo liberal, y su sostén del orden ideológico y económico, para poder transferir la competencia al proletariado (Greblo, 2002: 101).

Con respecto a esto, Popper (1971) hace referencia a la concepción marxista sobre los gobiernos, señalando que, para la teoría marxista, la democracia es otra forma de opresión, pues encarna una dictadura de clase que se hace necesaria según sean las circunstancias.

Otra consecuencia importante de la teoría[2] es que, en principio, todos los gobiernos, incluso un gobierno democrático, son una dictadura de la clase dominante sobre los gobernados. "El Ejecutivo del Estado moderno", dice el Manifiesto, "es

2   Se refiere a la marxista.

32

simplemente un Comité para la gestión de los asuntos económicos de toda la burguesía...". Lo que llamamos una democracia es, según esta teoría, nada más que esa forma de dictadura de clase que pasa a ser más conveniente en una determinada situación histórica (1971: 319)[3].

El tema de la democracia es de interés mundial, pues está en el centro de las discusiones en torno al desempeño de los sistemas políticos, pero para los países en vías de desarrollo la realidad trasciende el debate filosófico, pues la democracia es vista como defectuosa y la búsqueda se desarrolla en otro sentido, lo que ha traído como consecuencia experimentos que han puesto en peligro la estabilidad de sociedades que en tiempos pasados se tenían como un modelo.

Esta es una discusión que requiere una profunda revisión teórica y reflexión práctica, pues es preciso intentar responder a las grandes interrogantes que surgen de pueblos que sienten la decepción de ver modelos políticos deficientes que en modo alguno comprenden las aspiraciones colectivas.

En el siguiente cuadro (Del Percio, 2006) se encuentra un esquema de correspondencia que permite plantear una aproximación al desarrollo de la democracia y su crisis de representatividad:

---

3   Another important consequence of the theory is that, in principle, all government, even democratic government, is a dictatorship of the ruling class over the ruled. 'The executive of the modern state', says the *Manifesto*, 'is merely a committee for managing the economic affairs of the whole bourgeoisie...' What we call a democracy is, according to this theory, nothing but that form of class dictatorship which happens to be most convenient in a certain historical situation (1971:319). Traducción propia.

HORIZONTE DE SENTIDO	Adecuación	Representación	Reproducción virtual
ESTRATIFICACIÓN	Castas/estamentos	Clases debido a la acumulación	Clases debido al consumo
LEGITIMACIÓN	Teológica	Ideológica	¿Pensamiento único?
EJERCICIO DEL PODER PÚBLICO	Monárquico/feudal	Estado-nación moderno	¿Imperio global?
ESCENARIO	Natural Comunitario	Social ciudadano	Global virtual
PRODUCCIÓN	Agraria/rural	Industrial urbana	Cibernética/global
TRANSMISIÓN DEL CONOCIMIENTO	Oral	Escrita	Icónica

FUENTE: Del Percio (2006: 185).

Si se atiende a las premisas anteriores, en un intento por describir la evolución de la democracia, se puede plantear que esta surge como democracia directa en el *escenario natural comunitario*, en el que el sistema de castas y estamentos se concibe como una forma impura de gobierno (recordar Aristóteles) con una base económica agrícola, bajo el modelo de *adecuación*. Dadas las características sociales del momento, la democracia directa fue de breve duración y estuvo circunscrita a un ámbito espacial reducido.

Luego, con la aparición del Estado moderno, aunque realmente se habló de república, guarda correspondencia con la democracia refiriéndose al *escenario social ciudadano*, donde las clases se organizan en torno a su capacidad de acumulación, dentro del esquema de una economía industrializada, que se organiza bajo el modelo de *representación*, cuya expresión política es la democracia representativa liberal.

Finalmente, con una base social estratificada en razón del consumo, en la que el ejercicio del poder trasciende las fronteras inmediatas (nacionales), con el imperio global como forma de ejercicio del poder público (aun cuando se sigue hablando de la presencia de los Estados-nación), que se encuentra circunscrito al *escenario global virtual*, donde la cibernética constituye el eje de la actividad económica, se encuentra la crisis de la representatividad como causa fundamental en la aparición de la democracia participativa bajo el modelo de *reproducción virtual*.

El Estado ya no controla ni interviene en todos los ámbitos de la vida pública en la misma medida que antes, porque por una parte hay más intereses que satisfacer y por la otra menos capacidad de respuesta, de manera que es la misma sociedad la que asume ciertos espacios en procura de alcanzar acuerdos: un ejemplo de ello es la capacidad de organización que la sociedad ha desarrollado, llevándola a asumir responsabilidades que tradicionalmente estarían en manos del Estado, tales como educación, salud, servicios públicos; aparte de que la representatividad es cuestionada por la pérdida de contacto con la realidad y la ausencia de correspondencias discursivas, además de la cercanía con la toma de decisiones que representa el avance de las tecnologías de la información, no al extremo de lo plateado por Macpherson (1997) en su concepción de la democracia como participación, en donde la utopía estaría en la participación permanente del individuo al lado de un ordenador veinticuatro horas al día, pero sí una realidad en la que el ciudadano se sirve de la tecnología para decidir sobre ciertos asuntos que le interesan y el Estado se vale de estas herramientas para mejorar su desempeño, lo que permite acortar las distancias, acercar el entorno y hacer de este escenario un espacio en común, pero que no necesariamente implica la comunidad de condiciones de vida. Basta con mirar tan solo cuál es la distancia socioeconómica entre los países africanos y europeos para convencerse de que se está compartiendo apenas el espacio, pero no las condiciones.

Entonces, cabe hacerse la pregunta: ¿hacia dónde conduce todo esto? Si está agotado el modelo de pensamiento que ha caracterizado a la modernidad y la concepción posmoderna plantea una ruptura paradigmática, ¿dónde queda la democracia en este contexto?

La idea de la democracia participativa no debe verse como una reacción ante la crisis de representatividad; es más la consecuencia del paso de un modelo de sociedad a otro en el que, habiéndose agotado lo que caracterizó a la democracia liberal en lo político, también se manifestó en el debilitamiento de la economía y de la base social, así como de las estructuras de legitimación, de manera que la participación se constituye en una forma de resarcir las expectativas no satisfechas por la democracia liberal (Bobbio: 2003).

En otra aproximación a la democracia, Held define a la democracia liberal representativa como:

> … un conjunto de reglas, procedimientos e instituciones creadas para permitir la más amplia participación del mayor número posible de ciudadanos, no en los asuntos de Estado, sino en la elección de representantes, los únicos que pueden adoptar decisiones políticas. Este conjunto de reglas incluye aquellas destinadas a garantizar la correcta elección del gobierno (1998: 504).

En este concepto, el autor reconoce como fundamental en la representatividad la escogencia, por parte de los ciudadanos, de aquellos que se encargarán de tomar las decisiones; sin embargo, más adelante señala algunos aspectos que cuestionan su debilidad para facilitar la participación:

> ... la historia no puede acabar aquí. La democracia tiene otra dimensión. De hecho, tiene muchas otras dimensiones. Por ejemplo, existen problemas complejos relacionados con la dimensión interna de la democracia representativa. Se refieren a la conexión existente entre la esfera pública y la privada; entre las posibilidades reales que el ciudadano tiene de participar en la vida política y los obstáculos que, para esta participación, suponen las desigualitarias relaciones de género (Held, 1998: 505).

En relación con la participación, Sartori afirma que esta requiere ser producto de una decisión voluntaria, pues si se trata de una imposición, no es verdadera participación, es tan solo movilización (Sartori, 2009: 35). Pero lo que sí queda claro es que la democracia no acepta tomar porciones de la directa y la representativa, pues en todo caso pueden darse grados de democracia, pero no modelos híbridos, es decir, una mezcla o forma mixta en la cual se encuentren elementos de la directa conjuntamente con la representativa (Sartori, 1987b: 283).

Quedan entonces por concretar los caminos que conduzcan, de manera acertada, a un modelo de democracia en el que la participación sea una condición permanente; pero también es necesario que esta trascienda lo meramente procedimental, pues de lo que se trata es de alcanzar un cambio de conciencia institucional y ciudadano.

En este sentido, las definiciones permiten identificar aquellos elementos que se consideran fundamentales en la consolidación de un modelo de democracia que refleje las expectativas del ciudadano en relación con la conducción de la sociedad.

Democracia y teoría

a.- Teoría de la democracia

La teoría de la democracia (Bobbio *et al.* 2002) se presenta a través de tres corrientes o tradiciones, en las cuales se pueden situar las raíces y la evolución de la democracia.

La primera de las tradiciones es la *clásica aristotélica* (Bobbio *et al.* 2002), en la que se plantea la idea de un gobierno popular, donde la igualdad ante la ley (*isonomía*) constituye su base fundamental. En la Grecia antigua, Bobbio, citando a Platón, refiere que esta forma de gobierno era considerada la menos buena de las formas buenas y la menos mala de las formas malas de gobierno (2002: 442). Desde la perspectiva platónica, se concibe que la monarquía y la democracia sean deficientes por el exceso de autoridad y de poder que ellas representan.

La democracia ateniense nace alrededor del año 508 a. C. cuando Clístenes introduce un conjunto de reformas a la organización política de la ciudadanía de la antigüedad; sin embargo, el término como tal se consolidaría mucho después con Heródoto, hacia mediados del siglo V (Greblo, 2002: 20). La democracia ateniense, aun cuando traduce el *gobierno del pueblo*, encarnaba un gobierno en el que la noción de *pueblo* excluía a mujeres, a inmigrantes y, por supuesto, a los *esclavos*.

En la clasificación aristotélica de las formas puras e impuras de gobierno, estas se distinguen según el criterio por el cual se gobierne: si es de conformidad con el interés general o con el interés propio. De acuerdo con el criterio de quiénes gobiernan, en el interés general se encuentran: uno solo (monarquía), unos pocos (aristocracia) o muchos (democracia). Por otra parte, las formas corruptas de las anteriores serían: tiranía, oligarquía y demagogia. La tradición clásica del modelo tripartito de clasificación de gobierno ha ejercido influencia en la filosofía política de Occidente; sin embargo, sufrió las transformaciones que con el tiempo habría de sufrir, ya fuese diferenciando entre forma de Estado y forma de gobierno, como lo considerara Bodino —citado por Bobbio *et al.*—; la desaparición de la diferenciación entre formas puras y corruptas en Hobbes (1982) —Bobbio *et al.* (2002)—, y la interpretación que hace Rousseau de las tres formas de ejercicio del poder ejecutivo, en lugar de las formas de gobierno.

La segunda tradición es la *medieval romana* (Bobbio *et al.* 2002), cuyo argumento está centrado en el debate sobre quién detenta la soberanía. Esta tradición reconoce que el príncipe concentra la soberanía al recibirla del pueblo, quien es siempre la fuente original; de esta forma se distinguen la titularidad y el ejercicio del poder. La discusión se concentra en la definición de la soberanía como una transferencia al monarca en su totalidad o solo como medida temporal para su ejercicio. La teoría de la soberanía popular sostiene que el pueblo, aun transfiriendo el poder originario de hacer las leyes a otros, conserva para sí la potestad de crear leyes de forma consuetudinaria, lo que genera una discusión en torno a la primacía de la ley producida por el monarca y la del pueblo.

Con el planteamiento del concepto de representación, si bien aún no se trata de la representación del ciudadano sino de quién y bajo qué razón detenta la soberanía, la discusión comprende por una parte que el depositario originario de la soberanía es el pueblo, quien transfiere al monarca el poder de representarla en una muestra de confianza, pero que no tiene revocatoria. La legitimación de la separación entre titularidad y ejercicio de la soberanía viene de Ulpiano (170 d. C.-228 d. C.), de la que se puede entender al pueblo como legislador primario, lo que, por supuesto, genera no poca discusión, pues lleva implícita la potestad de la revocatoria de ese mandato (Greblo, 2002: 41). A este respecto, Tomás de Aquino aporta la condición de ordenador de leyes a la colectividad o persona pública responsable de la misma (Aquino, 1985).

En esta tradición se expresa la naturaleza sociable del hombre de la democracia griega, que requiere una organización política definida por virtudes cívicas en la búsqueda del bien común, donde además se debe procurar la aplicación de la igualdad de las leyes, contando con una amplia participación del pueblo en el gobierno, que se ve amenazada por la tendencia elitista de una división vertical, constituyendo una dificultad para la consolidación de un sistema de virtudes cívicas al promover las diferencias entre grupos sociales (Glebo, 2002: 50).

En el tema de la soberanía resulta importante también la reflexión de Marsilio de Padua (Bobbio *et al.* 2002), quien consideraba que la "causa primera" era el legislador del Estado, mientras que el gobernante era la "causa segunda", es decir, una instrumental y otra ejecutiva. El poder soberano radica en la potestad de legislar, dado que el legislador está constituido por los ciudadanos.

En el seno de la teoría política se suscita un extenso debate entre la postura de dos autores fundamentales en la teoría de la democracia: Locke y Rousseau, (Bobbio *et al.* 2002) sobre el ejercicio de la soberanía. Locke defendía la delegación de la soberanía en unos representantes, mientras que Rousseau mantenía que debía ser practicada solamente por los ciudadanos. En medio de esta discusión, la teoría contractualista adquiere importancia por su correspondencia con la idea del pueblo dentro del esquema del pacto social y por las circunstancias en las que se reproduce, producto de un acuerdo, el ejercicio del poder.

La tercera tradición es la *republicana moderna* (Bobbio *et al.* 2002), la cual introduce un cambio en la interpretación de la teoría de las formas de gobierno: considerando la tripartita (monarquía, aristocracia y democracia) como contraposición a la monarquía-democracia que Platón señaló en *Las leyes*, mientras que en la historia romana se consideraba como principado-república. Al respecto, Maquiavelo (1469-1527) incorpora argumentos importantes al afirmar, en *El príncipe*, que "Todos los Estados, todos los gobiernos que ha habido y que tienen autoridad sobre los hombres, han sido y son repúblicas o principados..." (1985: 27), inspirándose en la república romana para su concepción (Greblo, 2002: 49).

Greblo considera que los orígenes de la tradición republicana moderna deben encontrarse en la obra de Platón, *Las leyes,* en donde se distinguen la democracia y la monarquía; y en la de Aristóteles, *La política,* donde clasifica las formas de gobierno en puras e impuras (Greblo, 2002: 49). La democracia vista desde la concepción aristotélica no guarda relación con la república, pero sí se interpreta como "gobierno libre", contrario a la tiranía. Desde esa perspectiva, tiene más relación con lo que se entiende por democracia en estos tiempos, dado que esta se manifiesta como una forma contraria al despotismo (Aristóteles, 1985).

Dentro de la tradición republicana se encuentran dos autores cuya contribución a la construcción filosófica de la democracia resulta fundamental: Montesquieu (1984) y Rousseau (1973). Es Montesquieu quien formula la clasificación tripartita de las formas de gobierno: monarquía[4], república[5] y despotismo[6], siendo que la república puede ser democrática o aristocrática. La virtud se manifiesta no solo en la república democrática, pues en la aristocrática aparece como *templanza*. En la república aristocrática (Fetscher, 2002) se aplica el principio de la *moderación*, porque solo este principio garantiza que ni los aristócratas abusen de sus derechos ni la mayoría del pueblo, sin privilegios, niegue la obediencia.

Es posible encontrar en Rousseau (1973) la coincidencia del ideal republicano y el democrático articulándose con la doctrina clásica de la soberanía popular mediante la idea de la *voluntad general*, que detenta el poder de hacer leyes (ideal igualitario) y que, siguiendo a Bodino, distingue entre la forma de Estado y la forma de gobierno: la república como forma de Estado y la democracia como forma de gobierno. Tal como Rousseau lo concibe, el Estado es una república en la que se construye una democracia (Bobbio *et al.* 2002).

Aun cuando cada tradición ofrece elementos de discusión revestidos de complejidad, ello no implica que hayan sido superados los desafíos planteados, pues precisamente el debate contemporáneo de la teoría política tiene mucho más que ver

---

4   Platón, Aristóteles.
5   Cicerón.
6   Séneca.

con los dilemas no resueltos de la teoría de la democracia que con la construcción teórica que pudiese ofrecer nuevos elementos para su discusión.

Puede ser audaz pensar que la llamada "crisis de la democracia" no sea tal crisis, sino el reflejo del deterioro de un sistema de poder que ha cargado con la pesada responsabilidad de ser el modelo ideal, pero que en el fondo no resulta ser más que una utopía, presente en el criterio de Aristóteles bajo la forma de gobierno impura.

La democracia en este contexto luce disminuida, debilitada por ser la promesa, la oferta que no llega a concretarse, sobre la cual se constituye un entramado institucional que no termina de convencer a todos de manera similar, porque llega a ser incapaz de complacer a todos los sectores con los mismos niveles de eficiencia.

La incapacidad de la democracia para cubrir todos los frentes estimula, en sectores sociales amplios, reclamos de igualdad y justicia social que en apariencia son identificados gracias a las capacidades de acceso a la población que en todos los casos no son igualmente eficientes.

Sartori (2008) considera que si bien la democracia es imperfecta y no siempre resuelve las expectativas de la sociedad, no es menos cierto que es la expresión más cercana de conducción política con la que se identifican los individuos, por su capacidad para representar amplios sectores. Sin embargo, su principal debilidad radica precisamente en esa inconsistencia en relación con la eficacia de la representación, pues los instrumentos con los que cuenta tienden a reforzar el orden de privilegios existente.

Cabe recordar que Dahrendorf (2002: 10) plantea que la democracia, más allá de su denominación, debe estar acompañada de una praxis política que requiere una conducta cívica que legitime la práctica institucional democrática.

En esas condiciones, deben quedar suficientemente representados los derechos de los ciudadanos a exigir el cumplimiento, por parte de las instituciones, de sus responsabilidades para con ellos. De igual forma, estos tienen el deber de intervenir mediante canales formales en los asuntos que les interesan. La democracia no puede descansar exclusivamente en las instituciones, debe ser producto de un esfuerzo común por lograr condiciones de vida a las que todos tienen derecho. La cultura política democrática se manifiesta en el intercambio permanente entre los centros de decisión y los dirigidos.

b.- Modernidad

Por su parte, la idea de modernidad remite a un modelo de sociedad donde prevalece el espíritu de la racionalidad en contraste con el sometimiento a la doctrina de la fe, siendo la ciencia la experiencia más relevante de la vida del hombre, y de ahí la influencia que ha ejercido.

La modernidad no es solo cambio puro, sucesión de acontecimientos; es difusión de los productos de la actividad racional, científica, tecnológica, administrativa. Por eso, la modernidad implica la creciente diferenciación de los diversos sectores de la vida social: política, economía, vida familiar, religión, arte en particular, pues la racionalidad instrumental se ejerce dentro de un tipo de actividad y excluye la posibilidad de que alguno de esos tipos esté organizado desde el exterior, es decir, en función de su integración en una visión general, de su contribución a la realización de un proyecto social que Louis Dumont denomina holista. La modernidad excluye todo finalismo (Touraine, 2002: 17).

La modernidad representa el período histórico en el cual el hombre no solamente encuentra nuevas formas de producción, sino que además se aproxima al conocimiento desde otras perspectivas, fundando una nueva racionalidad, creando nuevos paradigmas.

La idea de la modernidad remplaza, en el centro de la sociedad, a Dios por la ciencia y, en el mejor de los casos, deja las creencias religiosas para el seno de la vida privada. No basta con que estén presentes las aplicaciones tecnológicas de la ciencia para poder hablar de sociedad moderna. Es necesario, además, que la actividad intelectual se encuentre protegida de las propagandas políticas o de las creencias religiosas; que la impersonalidad de las leyes proteja contra el nepotismo, el clientelismo y la corrupción; que las administraciones públicas y privadas no sean los instrumentos de un poder personal; que vida pública y vida privada estén separadas, como deben estarlo las fortunas privadas y el presupuesto del Estado o de las empresas (Touraine, 2002: 17).

La modernidad es el reflejo de una espiritualidad a la que algunas sociedades debieron "asimilarse" sin haber desarrollado suficientes bases para ello. La modernidad también se asocia a la idea de la Nación-Estado que supera la atomización político-territorial del feudalismo. Es la cualidad de un período histórico en la que se puede identificar una racionalidad manifiesta en todas las expresiones culturales de la época. La modernidad representa la superación de una visión, por cuanto trasciende el teocentrismo para colocar al individuo y sus libertades en el centro de la vida de la sociedad.

Es la época de la preeminencia de la razón, de la emancipación de la fe, que Bauman (2006) señala fue lo que provocó en el individuo una voluntad creadora que había estado condicionada a causa de los límites establecidos por el dogma.

> Ser moderno significa estar eternamente un paso delante de uno mismo en estado de constante transgresión (en palabras de Friedrich Nietzsche no se puede ser *Mensch* —hombre— sin ser, o al menos esforzarse por ser *Übermensch* —superhombre—); también significa tener una identidad que solo existe en tanto proyecto inacabado (Bauman, 2006: 34).

Eso que califica a la modernidad, ese deseo del individuo por superarse a sí mismo es una de sus grandes fuentes de frustración porque, como afirma Bauman, no hay un punto final, un lugar de llegada donde se consagren todas las aspiraciones de progreso del hombre. Ese descontento es lo que lleva al individuo a cuestionar el orden moderno. En ese espacio es donde se produce una concepción de la democracia que entra en crisis.

c.- Posmodernidad

Con esta reflexión se pretende reconocer el estado del pensamiento en el que se desarrollan la democracia y sus crisis; por ello se incorpora la definición de posmodernidad, para poder situar la idea de crisis de la democracia en el propio contexto de la discusión de estos tiempos, a la que Lyotard se refiere como:

… el estado de la cultura después de las transformaciones que han afectado a las reglas de juego de la ciencia, de la literatura y de las artes a partir del siglo XIX. Aquí se situarán esas transformaciones con relación a la crisis de los relatos (Lyotard, 1994: 9).

Más adelante, Lyotard se refiere al escenario en que la forma de construcción del conocimiento entra en conflicto con sus pretensiones de legitimidad, en donde las interpretaciones son juzgadas, perdiendo credibilidad, debilitándose lo que fuera el pilar fundamental de la modernidad:

En origen, la ciencia está en conflicto con los relatos. Medidos por sus propios criterios, la mayor parte de los relatos se revelan fábulas. Pero, en tanto que la ciencia no se reduce a enunciar regularidades útiles y busca lo verdadero, debe legitimar sus reglas de juego. Es entonces cuando mantiene sobre su propio estatuto un discurso de legitimación, y se la llama filosofía. Cuando ese metadiscurso recurre explícitamente a tal o tal otro gran relato, como la dialéctica del Espíritu, la hermenéutica del sentido, la emancipación del sujeto razonante o trabajador se decide llamar "moderna" a la ciencia que se refiere a ellos para legitimarse (Lyotard, 1994: 9).

El ambiente de cuestionamiento, de duda con respecto a la forma en que el conocimiento y la ciencia han sido interpretados, disputa la manera de comprender las ideas, pone en tela de juicio la verdad y la certeza, porque las formas de llegar a ellas pierden vigencia.

Simplificando al máximo, se tiene por "postmoderna" la incredulidad con respecto a los metarrelatos. Esta es, sin duda, un efecto del progreso de las ciencias; pero ese progreso, a su vez, la presupone. Al desuso del dispositivo metanarrativo de legitimación corresponde especialmente la crisis de la filosofía metafísica, y la de la institución universitaria que dependía de ella. La función narrativa pierde sus functores, el gran héroe, los grandes peligros, los grandes periplos y el gran propósito (Lyotard, 1994: 9).

La posmodernidad hace referencia al ambiente de cuestionamiento del orden prevaleciente —*modernidad*— que conduce al debilitamiento de su estructura dogmática, en la que se hace difícil el consenso de los metarrelatos (Collado, 2001: 81).

Ya se ha dicho, el rasgo más llamativo del saber científico postmoderno es la inmanencia en sí misma, pero explícita, del discurso acerca de las reglas que le dan validez. Lo que ha podido pasar a fines del siglo XIX por pérdida de legitimidad y caída en el "pragmatismo" filosófico o en el positivismo lógico, no ha sido más que un episodio, del cual el saber surge por la inclusión en el discurso científico del discurso acerca de la validez de enunciados con valor de leyes. Esta inclusión no es una operación sencilla, ya se ha visto, da lugar a "paradojas" asumidas como eminentemente serias, y a "limitaciones" del alcance del saber que, de hecho, son modificaciones de su naturaleza (Lyotard, 1994: 100).

Cuando ya no es posible el sometimiento a la interpretación única del poder, toda la base de pensamiento es puesta en duda y se reproducen otras formas de aproximación al uso del poder. En las sociedades posmodernas el poder descansa, entre otros, en el dominio de un lenguaje con aspiraciones universales: *las tecnologías de información y comunicación.*

Es la superación de una concepción de la sociedad fundamentada en verdades con garantía en una forma de reproducción del conocimiento que resulta débil ante el impacto que generan otras formas de creación que se van imponiendo por el escepticismo existente.

En lugar de manifestar una suerte de nostalgia, de la que habla Lyotard (2001) la posmodernidad se recrea en la audacia de la novedad, en aquello que carece de reglas preconcebidas, de prejuicios y de categorías anteriores a su existencia o producción.

d.- Posdemocracia

Por su parte, Crouch considera que la posdemocracia es lo que inevitablemente ocurre cuando la democracia se ha agotado y ha dejado de corresponder a las expectativas colectivas.

> El concepto de postdemocracia nos ayuda a describir aquellas situaciones en las que el aburrimiento, la frustración y la desilusión han logrado arraigar tras un momento democrático, y los poderosos intereses de una minoría cuentan mucho más que los del conjunto de las personas corrientes a la hora de hacer que el sistema político las tenga en cuenta; o aquellas otras situaciones en las que las élites políticas han aprendido a sortear y manipular las demandas populares y las personas deben ser persuadidas para votar mediante campañas publicitarias (Crouch, 2004: 35).

El agotamiento de la democracia debe verse desde la perspectiva de un debilitamiento de su ejercicio, que no del modelo; es la praxis la que distorsiona lo que representa el ideal. Cuando la institucionalidad democrática hace a un lado sus intereses primarios para favorecer aquellos de quienes detentan el poder, la sociedad naturalmente toma distancia. En un ambiente de desconfianza o de desmotivación, la clase política hace uso de todos los mecanismos posibles para lograr la participación cívica, que en la *posdemocracia* vale decir la manipulación massmediática.

El sistema político se torna en una *videocracia,* tal y como lo plantea Sartori (2008), cuando a través de los mecanismos del cibermundo actúan los individuos que tienen el control de las decisiones, propiciando una alta dependencia de los sondeos de opinión, entre otros, para orientar las respuestas del sistema a las demandas.

Eso configura un escenario donde la democracia está provista de condicionantes diferentes de los que la modernidad le había proporcionado. El debate se centra en establecer si la democracia sigue representando los principios democráticos o si, por el contrario, de lo que se trata es de la superación de la idea de la democracia representativa (liberal) para ser sustituida por otra forma de relación en la que los valores asociados a la democracia puedan desarrollarse y no quedarse tan solo en una aspiración, es decir, la *posdemocracia.*

Esta concepción de la democracia puede ser vista como la consecuencia del debilitamiento de los mecanismos de la democracia, que son los factores de mayor influencia en la percepción de ineficiencia en la respuesta a las demandas de la sociedad. Es la inercia la que termina por desplazar el modelo de democracia tradicional de la modernidad, pero ¿es la *posdemocracia* su sustituto? La discusión actual, tanto en los predios de la ciencia política como de la sociología y de la economía (PNUD, 2004, 2010), apunta en esta dirección.

La democracia y sus modelos en el pensamiento filosófico[7]

> Si existiese un pueblo de dioses, sin duda
> se gobernaría democráticamente.
> Un gobierno tan perfecto no conviene a los hombres.
>
> ROUSSEAU.
> *EL CONTRATO SOCIAL*

Democracia

Esta discusión comienza con la definición que se plantea de la democracia, sobre la que se ha venido trabajando desde hace un tiempo.

La democracia es un modelo de conducción política que traduce una metodología de vida, un sistema social de organización del poder que se manifiesta en un modelo de conducta. Está construida sobre la base de unos principios fundamentales como lo son: el reconocimiento de libertades individuales y colectivas, el ejercicio popular de la soberanía, la elección para cargos públicos, la separación de poderes y la participación. La vida en democracia requiere una serie de predisposiciones en las que resulta clave la capacidad de la sociedad para intervenir en sus procesos, sustentándose en una cultura participativa que exige responsabilidad y compromiso (Puerta, 2010: 33).

---

7   Esta sección profundiza en lo desarrollado en el libro: *El debate entre los modelos de democracia representativa y participativa: elementos teóricos conceptuales*, Puerta (2010).

La democracia debe diferenciarse de un proceso vertical, porque no puede ser responsabilidad exclusiva de unas élites las decisiones que inciden sobre la realidad que a diario afecta a la sociedad. La democracia debe estar representada en un modelo horizontal de acción que se base en la participación organizada de la sociedad, fundamentada en compromisos y responsabilidades.

En democracia, las medidas no se imponen ni se ejecutan las acciones desde instancias superiores de forma autoritaria; la participación hace referencia a que, dentro del marco del sistema político, se encuentran canales regulares a través de los cuales la sociedad expresa sus demandas o apoyos de acuerdo con la naturaleza de donde procede la exigencia. La democracia requiere la intervención de los gobernados, tomando como base la teoría contractualista de Rousseau, pues al tratarse de la cesión de unos derechos que son inseparables de la condición humana por la vía de un pacto de convivencia, estos son depositados en unas instituciones con la intención de lograr condiciones equilibradas que permitan garantizar la gobernabilidad.

A este respecto, Rousseau señala lo siguiente:

"Encontrar una forma de asociación que defienda y proteja con toda la fuerza común a la persona y los bienes de cada asociado, y por la cual, uniéndose cada uno a todos, no obedezca, sin embargo, más que a sí mismo y permanezca tan libre como antes". Tal es el problema fundamental, cuya solución da el contrato social (1973: 16).

En el contrato, la voluntad individual está sujeta a una voluntad colectiva, que de ninguna forma deroga el espíritu de libertad individual inmanente a todo ser humano, solo que, en el propósito de consolidar las bases para una convivencia armónica entre semejantes, esta voluntad individual se subordina. Más adelante, se profundizará en la interpretación de este contrato.

De esta forma, los derechos de los ciudadanos a exigir el cumplimiento de las responsabilidades por parte de las instituciones quedan resguardados por el contrato, al mismo tiempo que los ciudadanos tienen el deber de actuar a través de los mecanismos institucionales de los que disponen en aquellos asuntos que son de su interés. La democracia no puede construirse solamente a través de las instituciones; ella requiere el esfuerzo conjunto de todos por lograr las condiciones que han sido acordadas. Desde una perspectiva sistémica, la cultura política democrática se materializa en el intercambio permanente entre los centros de decisión y los dirigidos.

El concepto de democracia hace referencia al gobierno del pueblo; también se entiende como el gobierno de la mayoría, pero ninguna de esas dos denominaciones retrata lo que hoy día entendemos por democracia. La tesis de la *poliarquía* de Dahl (1988) intenta una redefinición de la democracia en tiempos actuales. Sin embargo, de acuerdo con el criterio de Sartori (1962), es la democracia la denominación que se requiere, para fines prescriptivos, y señala además que la democracia es un sistema producto de la presión *deontológica*, que define lo que es y lo que debe ser (Sartori, 1962: 4).

Méndez (2006) considera que la democracia puede ser vista desde tres dimensiones: la forma liberal, que se expresa como democracia política o formal, el gobierno *del* pueblo; la forma participativa o directa, el gobierno *por* el pueblo y la social o sustantiva que es *para* el pueblo, recordando la definición de Lincoln (2006: 8).

El concepto de democracia al que se hace referencia está basado en el pensamiento moderno, dado que su concepción como forma de gobierno ha sufrido cambios desde su versión inicial. A continuación, se hace una reflexión sobre el desarrollo de los diferentes modelos de democracia que se conocen, a través de sus autores más representativos, señalando las diversas posiciones y debates que han enriquecido la discusión sobre la teoría democrática.

Democracia directa (antigua Grecia)

Hablar de la democracia griega obliga a consultar al más clásico de los filósofos, Aristóteles, de quien se conoce, por su vasta obra, la especial atención prestada a las formas de gobierno. En relación con la democracia, en su obra *La política*, la define de la siguiente forma:

Especies diversas de democracia

La igualdad es la que caracteriza la primera especie de democracia y la igualdad fundada por la ley en esta democracia significa que los pobres no tendrán derechos más extensos que los ricos y que ni unos ni otros serán exclusivamente soberanos, sino que lo serán todos en igual proporción. Por tanto, si la libertad y la igualdad son, como se asegura, las dos bases fundamentales de la democracia, cuanto más completa sea esta igualdad en los derechos políticos, tanto más se mantendrá la democracia en toda su pureza; porque siendo el pueblo en este caso el más numeroso, y dependiendo la ley del dictamen de la mayoría, esta constitución es necesariamente una democracia. Esta es la primera especie de democracia.

Después de ella viene otra, en la que las funciones públicas se obtienen con arreglo a una renta, que de ordinario es muy moderada. Los empleos en esta democracia deben ser accesibles a todos los que tengan la renta fijada e inaccesibles para todos los demás. En una tercera especie de democracia, todos los ciudadanos cuyo derecho no se pone en duda obtienen las magistraturas, pero la ley reina soberanamente. En otra, basta para ser magistrado ser ciudadano con cualquier título, dejándose aún la soberanía a la ley. Una quinta especie tiene las mismas condiciones, pero traspasa la soberanía a la multitud, que reemplaza a la ley; porque entonces la decisión popular, no la ley, lo resuelve todo. Esto es debido a la influencia de los demagogos.

En efecto, en las democracias en que la ley gobierna, no hay demagogos, sino que corre a cargo de los ciudadanos más respetados la dirección de los negocios. Los demagogos sólo aparecen allí donde la ley ha perdido la soberanía. El pueblo entonces es un verdadero monarca, único, aunque compuesto por la mayoría, que reina, no individualmente, sino en cuerpo (1985a: 65-68).

En el planteamiento de Requejo (1994), la democracia clásica nace en la antigua Grecia. Durante el período arcaico (siglos VIII-VI a. C.), debido a la crisis económica de finales del siglo VII a. C., Solón fue nombrado *arconte*, y llevó a cabo una reforma que luego de siglo y medio conduciría a la instauración del sistema democrático clásico de la época de Pericles. Es de destacar que la mayoría de las reformas democratizadoras fueron impulsadas por aristócratas: Solón, Pisístrato, Clístenes, Efialtes y Pericles.

Las reformas de Solón estuvieron compuestas por: la *seisakhtheia*, que considera la abolición de la servidumbre, *hektemoroi* (campesinos/esclavos al servicio de la aristocracia), con supresión de hipotecas y deudas y la prohibición de efectuar préstamos sobre la base de la libertad personal. De la misma forma supuso la división del *demos* en cuatro (4) clases, de acuerdo con criterios económicos que posteriormente se aplicarían como base de elegibilidad —para optar a los cargos públicos sujetos a sorteo— y la reforma institucional, que establecía la periodicidad de la asamblea, con más temas a discutir y solventados por votación en lugar de aclamación y la intervención en asuntos judiciales por parte del *demos* (Águila: 1994).

Las reformas se inscriben en un proceso de despersonalización del poder, la ampliación del rol del *demos*, que conserva ciertos aspectos propios de una *timocracia*, pues conserva los cargos políticos para los ricos. La reforma de Solón estuvo dirigida a otorgar identidad para la *polis*, con el propósito de asegurar un orden adecuado para ella (*eunomia*).

La búsqueda de proporción entre los deberes y derechos ciudadanos en los distintos segmentos sociales y la aceptación de esa estratificación se debió a esta reforma. Con las reformas de Pisístrato se fortifica la participación del demos en el consejo y en los tribunales (Águila: 1994).

Bajo el gobierno de Clístenes se produce la reforma del sistema administrativo e institucional, en el que se cuenta con una mayor presencia del *demos*, introduciendo la figura del *ostracismo* como instrumento de control dirigido a los principales cargos institucionales, ahondando en la sujeción del poder político a las normas constitucionales y acentuando la intención igualatoria de la ley, rasgo característico de los sistemas democráticos. A pesar de que los cargos estaban ocupados principalmente por aristócratas, estaban previstos los dispositivos de control político y jurisdiccional que le permitieran al *demos* poder incidir en los procesos políticos de la polis.

La reforma de Clístenes —y en particular en cuanto a la estratificación social— resulta importante debido a que el factor común de los distintos miembros que componen el *demos* era la *ciudadanía,* base de la solidaridad cívica. A partir de esta reforma, no solo se consigue separar los órdenes social y político —permitiendo la autonomía del último—, sino también establecer las condiciones para la consolidación de la *isonomía* y la democracia (Águila: 1994).

Hacia el siglo VI a. C. (García, 2002: 94) se comienza a hablar de *isonomía* (igualdad ante la ley), un sistema basado en los principios de igualdad de derechos (*isonomía*) e igualdad de palabra (*isegoría*), a partir de los cuales se construyó la constitución cívica, donde el *demos* ejercía la soberanía por medio de la Asamblea Popular y el Consejo, escogido a través de sorteo.

La *isonomía* no es el producto de una teoría política formal, pero puede ser construida a partir de sus instituciones fundamentales: igualdad ante la ley, libertad de palabra, participación directa en el gobierno, tribunales populares, todas ellas instituciones que, al igual que otras, son una manifestación de la legitimidad de la que gozan ante el pueblo.

En este sentido, Finley, citando a Vlastos, señala:

El santo y seña que los demócratas oponían a *eunomía* era *isonomía* y, como Vlastos ha apuntado, los atenienses "perseguían la meta de la igualdad política […] no en desconfianza del imperio de la ley, sino en apoyo suyo". Los ciudadanos pobres de Atenas, observó, no levantaron ni una sola vez la típica demanda

revolucionaria de los helenos —la redistribución de la tierra—
durante los siglos V y IV (1980: 160).

La concepción de la igualdad, como una condición para
la convivencia armónica y pacífica, queda clara como soporte
del modelo político, tanto que no hizo necesario recurrir a vías
alternas para alcanzar la equidad.

El modelo de democracia directa es ampliamente discu-
tido por la filosofía política. En una narración de Protágoras
(Águila, 1994), se encuentra el planteamiento sobre el tema de
la igualdad fundamental de juicio político entre los hombres,
donde no se argumenta la igualdad en términos absolutos, sino
en el ámbito del juicio político entre ellos.

Al respecto, Aristóteles señalaba lo siguiente:

Los partidarios de la democracia dicen que aquello que a la mayor
parte le pareciere es lo justo, mientras que los de la oligarquía dicen
que lo justo es aquello que pareciere a los que mayor hacienda
tienen y que conforme a esto hay que hacer el juicio. Pero estas
dos cosas tienen cierta desigualdad e injusticia, porque si lo que
ha de valer lo determinan los pocos es tiranía, ya que si uno exce-
de en hacienda a los demás, solo ese es justo, y si conforme a la
multitud se ha de determinar, se hará agravio a los ricos confis-
cando sus haciendas.

Cual sea, pues, la igualdad que los unos y los otros aprueben,
será una cuestión que habremos de considerar conforme a lo que
determinen unos y otros que es justo, porque dicen que lo que a
los más de los ciudadanos les pareciere, aquello conviene que se
guarde y, puesto que son dos las partes de las que consta la ciudad, los ricos y los pobres, lo que a la mayor parte les parezca ha
de ser tenido por firme y valedero (1985b: 63).

Aristóteles no fue reconocido como partidario de la democracia; por el contrario, fue un ácido crítico de la misma, y en este pasaje de su obra se refiere a los principios de la igualdad y la justicia, tomando en cuenta la posición económica y social de quienes intervienen en la decisión y cómo se establece la estructura del modelo político, condicionando el alcance de un principio por el del otro.

Efialtes y Pericles profundizan en la naturaleza democrática de la constitución de Clístenes limitando las atribuciones del *areópago* y reconociendo económicamente el desempeño en cargos públicos. Siendo prematuro señalar una separación de poderes, es posible encontrar una aproximación a la distribución de funciones en el propósito del "interés general" de la polis, una vía de maduración de la popularización de los procesos decisorios institucionales: *asamblea* y *heliea* como fuente de legitimación en tiempos de Pericles (Requejo: 1994).

En la *Oración fúnebre*, las célebres palabras de Pericles en ocasión de la guerra del Peloponeso, podemos encontrar una valiosa descripción de la idea de democracia que tenían los antiguos, donde se distingue el *ethos*, en el siguiente fragmento de Tucídides (citado en Salazar, 2008):

> Porque la administración está en manos de la mayoría de los ciudadanos, no de una minoría [...] Todos cuidan de igual modo de las cosas de la república que tocan al bien común, como de las suyas propias; y ocupados en sus negocios particulares, procuran estar enterados de los del común [...] Por lo cual cada uno de nosotros, de cualquier estado o condición que sea, si tiene algún conocimiento de virtud, tan obligado está a procurar el bien y honrar la ciudad como los otros, y no será nombrado para ningún cargo, ni honrado, ni atacado, por su linaje o solar, sino tan

solo por su virtud y bondad. Que por pobre y bajo que sea, con tal que pueda hacer bien y provecho a la república, no será excluido de los cargos y dignidades públicas […] Nosotros, pues, en lo que toca a nuestra república, gobernamos libremente (2008: 110).

Salazar (2008: 110-111) plantea su argumento frente a Sartori en relación con la naturaleza de la democracia, señalando que la ateniense muestra semejanzas con la moderna, que seguramente difieren en lo institucional, pero en cuanto a los ideales, estos se presentan con importantes aspectos en común. Mientras que Sartori (1987b: 278-297) refiere sobre la democracia que la experiencia griega era producto de una relación simbiótica con la *polis* donde dicho modelo descansaba sobre la acción directa dentro de una comunidad reducida, siendo muy distinta de la realidad de un Estado democrático cuyo ejercicio es indirecto. La disyuntiva que plantean, por un lado, se resuelve si apelamos a la concepción ideal de la democracia o si concurrimos en la referencia sobre su instrumentalización.

Sartori sostiene que la democracia griega, a diferencia de la moderna, no comprendía la noción de Estado, destacando que el concepto de *ciudad-estado* es errado, pues la aparición de esta se produce mucho después con Maquiavelo, de forma que la democracia de los griegos difiere no solamente en términos demográficos o geográficos, sino además en relación con sus valores y finalidad (Sartori, 1987b: 279).

Para Sartori la democracia antigua se define como:

Democracia fue ese sistema de gobierno (ciudad) en que las decisiones fueron tomadas colectivamente. Esto implica que en la fórmula clásica de la democracia la comunidad no permite ningún margen de independencia y ninguna esfera de protección para el individuo, a quien absorbe completamente. La polis es soberana en el sentido de que los individuos que la componen están completamente sujetos a ella[8] (Sartori, 1987b: 286).

La democracia de los antiguos no reconocía la idea de la libertad individual, tal y como esta se conoce en la modernidad. El hombre antiguo formaba parte de una realidad, la *politeía*, en donde la ciudadanía y la estructura de la *polis* estaban representadas, lo que para Sartori (1987b) es motivo suficiente de exclusión de la reflexión sobre la noción de libertad, pues el ciudadano —el hombre— no tenía más vida que la misma politeía.

Por su parte, Hornblower (1995) señala, en relación con la democracia de los antiguos, que la democracia europea, aun cuando no es producto de la experiencia ateniense sino de la española, en sus inicios presentaba instituciones como la *asamblea* para el fortalecimiento del gobierno, por lo que el legado de la democracia ateniense para la modernidad es incontrovertible.

En este sentido, señala Hornblower:

Así pues, lo que realmente nos interesa es Atenas, donde una innovación política igualmente temprana se desarrolló mucho más que en Esparta y en una secuencia de reformas ordenada y asombrosamente rápida. El resultado fue un sistema de democracia participativa que combinaba la complejidad y sofisticación de la actividad política (incluida una actitud muy severa hacia la

---

8   Democracy was that system of government (city) in which decisions were made collectively. This entails that in the classical formula of democracy the community allows no margin of independence and no sphere of protection to the single individual, whom it absorbs completely. The *polis* is sovereign in the sense that the individuals that compose it are completely subject to it (Sartori, 1987b: 286). Traducción propia.

responsabilidad individual), por un lado, con el principio de una casi absoluta no profesionalización por el otro, en un maridaje que se ha mantenido sin precedentes (1995: 13).

La *demokratia* griega, como se la denominaba en el siglo V a. C., fue un sistema legitimado sobre la base de los principios de legalidad, igualdad y hegemonía de lo colectivo. Su aplicación estaba dirigida a la polis, razón por la que su praxis y teoría no sobrevivieron a ella. La vida ciudadana y el ejercicio de las virtudes cívicas eran los valores fundamentales en el sostenimiento de la *demokratia* y una la visión ideal de la democracia, que persiste en la democracia moderna.

En una reflexión que se encuentra en este mismo orden de ideas, Hornblower afirma lo siguiente:

A pesar de la falta de confianza de Pericles en la democracia como tal, los dos mil quinientos años transcurridos desde su época han demostrado que, a pesar del hecho sorprendente de que las instituciones particulares atenienses hayan sido muy poco imitadas en comparación con las romanas, el ideal de la democracia participativa ateniense ha sido un ejemplo para algo más que un pequeño grupo de antiguas comunidades, siempre reñidas entre sí, en el Mediterráneo (1995: 28).

La herencia de la democracia de los antiguos es de un gran significado, pues permitió sentar las bases de una estructura que, reconociendo sus debilidades y las críticas que de ellas se derivan, está identificada con la esencia de un sistema de autogobierno de los ciudadanos que fue la aspiración de los atenienses (Dunne: 1995).

Democracia representativa (liberal)

La democracia representativa es también definida como democracia liberal (Bobbio, 2003). En ella operan un conjunto de reglas (primarias o fundamentales) que sirven para determinar quién está autorizado para tomar las decisiones colectivas y bajo qué procedimientos. De acuerdo con estas premisas, aquellos que toman las decisiones en nombre de otros, para contar con su aceptación, deben hacerlo según un conjunto de reglas (Hornblower, 1995: 13).

En las deliberaciones colectivas no intervienen de forma directa los miembros de la organización social objeto de representación, sino aquellas personas elegidas como representantes de los intereses generales: un fiduciario y no un delegado.

El Estado democrático es visto por algunos autores (como Sartori y Bobbio, por ejemplo) como el Estado liberal, lo que constituye un fundamento filosófico-histórico-jurídico que nos refiere al liberalismo político.

En la evolución histórica del liberalismo político se pueden encontrar un conjunto de autores como el británico Locke, cuya teoría del Estado hace referencia al control del poder y al reconocimiento de los derechos naturales de los individuos, resaltando la importancia que le da al reconocimiento de toda autoridad legítima desde el pueblo que le ha delegado dicha potestad, donde además destaca la importancia de la función legislativa —distinguiéndola de la ejecutiva— fijando sus limitaciones y sometimiento a las leyes, procurando el bien común y la propiedad (García G., 1998).

En Locke (1983) se encuentran los fundamentos del liberalismo político que, al igual que en Hobbes (1588-1679), hacen referencia a la naturaleza instrumental del gobierno y la política y a la aprobación popular como procedimiento de legitimación de las decisiones, diferenciándose en su rechazo al absolutismo, del cual Hobbes era partidario y un importante teórico. Si bien a Locke no le han faltado detractores que sostienen que su pensamiento no se encuentra vinculado a los ideales democráticos, es innegable la influencia de sus ideas en el pensamiento liberal, de forma que no resulta irreconciliable su articulación al ideal democrático liberal, limitándose la discusión a las diferencias entre la democracia de los antiguos y la democracia liberal, a la cual Locke no se llega a referir.

En relación con las formas de gobierno, Locke, en su obra *Ensayo sobre el gobierno civil* (1983), sostiene que:

> Hemos visto ya que al reunirse por vez primera los hombres para formar una sociedad política, la totalidad del poder de la comunidad radica naturalmente en la mayoría de ellos. Por eso puede la mayoría emplear ese poder en dictar de tiempo en tiempo leyes para la comunidad y en ejecutar por medio de funcionarios nombrados por ella esas leyes. En esos casos la forma de gobierno es una democracia perfecta…
>
> Si la mayoría otorga al principio el poder legislativo a una sola o a varias personas para mientras vivan, o para un tiempo limitado, pasado el cual el poder supremo revertirá de nuevo a la mayoría, puede entonces la comunidad colocarlo nuevamente en quien bien le parezca, y de ese modo establecer una nueva forma de gobierno (1983: 91).

En principio, Locke define la democracia como perfecta y posteriormente considera la alternabilidad en el ejercicio del poder, de acuerdo con la representatividad que le caracteriza en la democracia moderna.

Con la modernidad, las ideas políticas se encontraron expuestas a las referencias de la antigüedad, mostrándose contrarias a la tiranía, una amenaza permanente en el contexto de la política, volviendo la mirada a los clásicos para encontrar en ese pensamiento las bases que contribuyesen a consolidar una sociedad con una mayor creencia en las libertades individuales y el fortalecimiento de gobiernos representativos.

El control absoluto del poder tendría su contrario en la doctrina elaborada por Montesquieu en relación con la separación de los poderes, propuesta central en la construcción del pensamiento liberal. Esos dispositivos institucionales identificados por Montesquieu estarían dirigidos a fijar límites al ejercicio de los poderes del Estado, de forma que este no se excediera en sus funciones y estuviese en condiciones de garantizar los derechos de los individuos, activándose mecanismos de contención en un sistema de frenos y contrapesos.

Al respecto, Rousseau en su *Contrato social* (1973: 68) expresa en relación con la democracia lo siguiente:

> El soberano puede, en primer lugar, confiar el depósito del gobierno a todo el pueblo o a la mayor parte del pueblo, de suerte que haya más ciudadanos magistrados que ciudadanos simples particulares. A esta forma de gobierno se le da el nombre de democracia.
>
> Tomando el término en su rigurosa acepción, no ha existido nunca verdadera democracia, ni existirá jamás. Va contra el orden natural que el gran número gobierne y el pequeño sea gobernado. No se puede imaginar que el pueblo permanezca continuamente reunido en asamblea para vacar a los asuntos públicos, y fácilmente se ve que no podría establecer para esto delegaciones sin que cambie la forma de la administración.

Esta definición de democracia se presenta con Rousseau en su sentido directo, ofreciendo una importante preocupación en torno a la dificultad material de conquistar el ideal democrático, dadas las condiciones procedimentales necesarias para que cualquier sociedad pueda alcanzarlo, lo que hace inviable el ejercicio directo de la toma de decisiones e introduce la delegación, inevitable para poder materializar la aspiración democrática.

En su obra *¿Qué es el tercer estado?*, Sieyès (1973) desarrolla la representación y además introduce la idea de la distribución del poder legislativo en tres ramas: el rey, los señores y la nación, como una potestad que tiene el pueblo para formular sus propias leyes, cuyo origen se encuentra en una elección libre y general.

> ¡Ved la representación nacional cómo es mala en todos sus elementos, según confesión de los propios ingleses! Y, sin embargo, los caracteres de una buena representación son lo más esencial que hay para formar una buena legislatura.
>
> ¿Se ha sacado de los buenos principios la idea de separar el poder legislativo en tres partes, una sola de las cuales se reputa que habla en nombre de la nación? Si los señores y el rey no son representantes de la nación, no son nada en el poder legislativo, pues sólo la nación puede querer por sí misma y, por consiguiente, crearse leyes. Todo el que entra en el cuerpo legislativo no es competente a votar por los pueblos sino en tanto que está encargado de su procuración. Pero ¿dónde está esta procuración, cuando no hay elección libre y general? (1973: 74).

Otro autor que trató el tema de la representación fue Constant en *De la libertad de los antiguos comparada con la de los modernos* (1995), para quien la representación permitía que los individuos, sin renunciar a sus derechos políticos, pudiesen delegar en otros la potestad de tomar decisiones en su lugar, de manera de poder atender sus asuntos particulares, en una interpretación utilitarista y pragmática, propia del pensamiento liberal, del cual fue un importante exponente:

> El sistema representativo no es otra cosa que una organización con cuya ayuda una nación descarga en algunos individuos lo que ella no puede o no quiere hacer por sí misma. Los individuos pobres realizan ellos mismos sus asuntos; los hombres ricos contratan a administradores. Es la historia de las antiguas naciones y de las modernas. El sistema representativo es una procuración dada a un cierto número de hombres por la masa del pueblo que quiere que sus intereses sean defendidos y que no obstante no tiene tiempo de defenderlos él mismo (1995: 10).

Por otra parte, en relación con el liberalismo político, este constituyó un importante tema de discusión y como objeto de estudio fue avivado gracias a dos eventos históricos trascendentes: la Independencia de los Estados Unidos de América, en 1776 y la Revolución francesa, en 1789.

Luego de la independencia de Inglaterra, la antigua colonia británica, los Estados Unidos, se encontraban ante el desafío sobre el modelo ideal de organización política a adoptar, siendo la escogencia la de un gobierno representativo donde quedarían expuestos aspectos del liberalismo político, dejando clara la distancia de *las formas puras de la democracia*, riesgo sobre el cual advirtió Madison (García G., 1998).

Luego de la Revolución francesa, el rechazo hacia la democracia directa seguidamente de la experiencia jacobina hizo necesaria la adopción del modelo representativo, haciendo poco probable rescatar las formas antiguas de gobierno del pueblo.

En relación con ello, Constant, exponente de la corriente liberal, consideraba que la libertad era el valor más importante, tanto para el ejercicio de los derechos políticos como para el de la libertad individual propiamente, donde el Estado debe ser abstencionista, la opinión pública representa un instrumento de supervisión de su desempeño, limitando su ejercicio, y donde opera el principio de separación de poderes (García G., 1998).

En este aspecto en particular, resulta interesante la reflexión sobre el liberalismo democrático de Macpherson (1997), quien clasifica a la democracia en cuatro (4) modelos: la democracia como protección, como desarrollo, como equilibrio y como participación. En relación con la democracia liberal, esta se puede insertar en los dos primeros modelos.

Para Macpherson (1997), la democracia como *protección* considera los planteamientos de Bentham y Stuart Mill. Este modelo supone que la garantía del goce pleno de la libertad individual está condicionada por el ejercicio de la igualdad política, lo que le otorga carácter instrumental a la misma como principio ético fundamental, de naturaleza utilitarista, en virtud de la búsqueda del máximo placer individual estrechamente vinculado a la posesión material.

En ambos autores, Bentham y Stuart Mill, se destaca la relación entre la riqueza material y el poder, el interés del individuo de alcanzar el poder para ejercerlo sobre otros. Esto hace necesario dotarse de los recursos de carácter legal que limiten el uso del poder evitando que se transforme en un instrumento de rendición que afecte la convivencia social, porque la ley no puede garantizar los bienes materiales, pero en su lugar debe comprometerse a salvaguardar condiciones justas y transparentes, como la defensa del derecho al trabajo y a la ocupación (Macpherson, 1997).

Para consolidar tales condiciones era necesario un cierto tipo de Estado, visto como la organización político-jurídica capaz de permitir la escogencia de los legisladores responsables de diseñar el marco normativo requerido, por lo que el propio Estado debía garantizar el derecho y las condiciones para el ejercicio del voto.

Al respecto, Macpherson señala lo siguiente:

> Era un problema doble: el sistema político debía producir gobiernos que establecieran y protegieran una sociedad de mercado libre, y al mismo tiempo protegieran a los ciudadanos contra la rapacidad de los gobiernos (pues conforme al gran principio rector de la naturaleza humana), todo gobierno sería rapaz si no le conviniera por su propio interés no serlo, o si no le fuera imposible serlo (1997: 47).

Porque, en el fondo, no deja de existir una comprensible desconfianza en relación con el Estado y sus interesas ocultos, de forma que deben existir los mecanismos necesarios para preservar los derechos de los ciudadanos que no se encuentran insertados dentro de sus estructuras y que no tienen medios para proteger sus intereses frente a los que se encuentran en posiciones de poder.

En cuanto a la noción de libertad y de cómo el control del Estado la afecta, en *Sobre la libertad. Capítulos sobre el socialismo y otros escritos*, Stuart Mill señala lo siguiente:

Tal es la doctrina llamada del libre cambio, que reposa sobre bases diferentes, aunque no menos sólidas, que el principio de libertad individual proclamado en este ensayo. Las restricciones impuestas al comercio o a la producción resultan, a decir verdad, verdaderas trabas; y toda traba, *qua* traba, es un mal; pero las trabas en cuestión afectan solamente a esa parte de la conducta humana que tiene la sociedad derecho a interferir, y sólo producen daño en la medida en que no producen los resultados apetecidos. Al igual que el principio de la libertad individual no está implícito en la doctrina del libre cambio, tampoco lo está en la mayoría de las cuestiones que surgen sobre el problema de los límites de esta doctrina: como, por ejemplo, hasta qué punto es admisible un control público para impedir el fraude por adulteración, o hasta dónde se podrá llegar en la imposición de precauciones sanitarias, o de otro tipo, a los patronos que tengan a su cargo obreros empleados en ocupaciones peligrosas. Tales problemas comprenden consideraciones sobre la libertad sólo en cuanto es mejor, *ceteris paribus*, dejar que las gentes obren por su cuenta que controlarlas, pero es indiscutible que, en principio, pueden ser legítimamente controladas para conseguir tales fines (1985: 118).

Stuart Mill hace referencia al ejercicio de la libertad, de forma que esta no interfiera con el logro de determinados objetivos, pues puede que dentro de ese libre ejercicio resulten afectados ciertos intereses, obligando al Estado a disponer de algunos mecanismos de control.

Eso permite a Macpherson (1997) señalar que, para el siglo XIX, el pensamiento de la época estaba figurando el modelo representativo, aun cuando la prioridad se hallaba en encontrar el equilibrio entre gobiernos promotores del libre mercado y protectores de los ciudadanos en relación con los excesos del gobierno, a través del recurso del voto, lo que hacía necesario definir su alcance en este sentido.

Macpherson señala la importancia del poder revocatorio de quienes ostentan el derecho al voto, instrumento frente a los extravíos del poder; y, aludiendo al *Constitutional Code*, refiere:

> El razonamiento en pro de un sistema democrático se limita exclusivamente a la protección: "con la única excepción de una democracia bien organizada, los gobernantes y las escasas personas con influencia son enemigos de los muchos que están sometidos […] y por la naturaleza misma del hombre […] enemigos perpetuos e inmutables" […] La democracia, pues, tiene como característica y como efecto el asegurar a sus miembros contra la opresión y la depredación a manos de los funcionarios a los que emplea para defenderla (1997: 49).

> Todas las demás especies de gobierno tienen forzosamente, como objeto y efectos primordiales, el mantener al pueblo, o los no funcionarios, en estado de total indefensión frente a los funcionarios que los gobiernan, los cuales, por su poder y por el uso que están dispuestos y pueden hacer de él, al ser los enemigos naturales del pueblo, tienen como objetivo el conseguir con facilidad, con certidumbre, con un alcance ilimitado y con impunidad, la depredación y la opresión ejercida por los gobernantes sobre sus gobernados (1997: 49).

En relación con la democracia como *desarrollo*, Macpherson argumenta sobre Stuart Mill, indicando que es preciso superar la necesidad de la protección en el modelo de democracia liberal, para colocarla en dirección al ascenso de la humanidad, al desarrollo del ser humano.

A partir de esta exposición, sostiene que el ejercicio de los derechos cívicos garantiza el desarrollo social y moral de los individuos, comprometiéndose en actividades que requieren su interés y conocimiento, y convirtiéndose en un medio para la mejora de la sociedad.

El modelo planteado por Stuart Mill (Macpherson, 1997) representa una visión moral sobre la democracia fundada en la noción del mejoramiento de la sociedad, partiendo del individuo y reflejándose posteriormente sobre el grupo humano al que pertenece.

Se valora el sistema democrático como medio de alcanzar esa mejora, como medio necesario, aunque no suficiente, y se entiende que una sociedad democrática es al mismo tiempo un resultado de esa mejora y un medio de conseguir más mejoras. La mejora que se espera es un aumento de la cantidad de desarrollo de la propia personalidad de todos los miembros de la sociedad, o como decía John Stuart Mill, el "avance de la comunidad [...] en cuanto a intelecto, virtud y actividad práctica y eficacia". El argumento en pro de un sistema político democrático es que promueve este avance mejor que ningún otro sistema político, además de aprovechar lo mejor posible la cantidad de "valor moral, intelectual y activo ya existente, a fin de actuar con el mayor efecto en los negocios públicos". El valor de un individuo se juzga por la medida en que desarrolla sus capacidades humanas: "el fin del hombre [...] es el desarrollo más alto y armonioso de sus facultades hasta alcanzar un todo completo y coherente" (1997: 62).

Sobre la democracia representativa, se encuentra Bovero (2002), para quien la distinción entre la expresión directa y la representativa de la democracia tiene que ver con la estructura del modelo de toma de decisiones; mientras que en la directa la participación es a título personal, en la representativa es a través de un representante, lo que la distingue de la discusión sobre si se trata o no de una democracia:

> El criterio para distinguir una democracia de una no-democracia no coincide con el que sirve para distinguir la forma directa de la representativa. Nuestro análisis sugiere que un régimen político puede ser definido como una democracia —cualquiera que sea su forma específica— cuando todos los sujetos a los cuales son dirigidas las decisiones colectivas (leyes y actuaciones públicas) tienen el derecho-poder de participar, cada uno con un peso igual al de otros, en el proceso que conduce a la determinación y a la adopción de esas decisiones. Tanto la democracia directa como la representativa son democracias en la medida en que el derecho de participación política sea distribuido de manera igual entre todos los miembros de la colectividad, sin exclusiones de nacimiento, de género, de clase o de censo. El contraste entre democracia directa y representativa tiene que ver con la diversa estructura del proceso político decisional: dicho en la manera más simple, democracia directa es aquella en la cual los ciudadanos votan para determinar ellos mismos el contenido de las decisiones colectivas, es decir, para elegir a sus representantes. La institución fundamental que es común a todos los regímenes democráticos contemporáneos es la elección de representantes a través del sufragio universal (2002: 42).

Sartori concibe el liberalismo como el sistema que se sostiene sobre la supremacía de la ley, la existencia de un Estado constitucional y el reconocimiento de la libertad política como elementos constitutivos del sistema político, a diferencia de su concepción como sistema económico (1999: 39).

Para este autor, el surgimiento del Estado liberal representa una reacción al poder del Estado, como mecanismo para la limitación de su ámbito de acción, correspondiendo a la concepción de *Estado mínimo*, donde es concluyente su apego a la condición de Estado constitucional, dado lo complejo de sus funciones.

Sartori (1999) procura distanciarse de la noción de liberalismo político con una perspectiva rigurosamente economicista, sosteniendo la inconveniencia de limitarse a premisas o postulados económicos.

> Si la propiedad es un concepto económico referido a una sociedad adquisitiva y a la multiplicación industrial de la producción, entonces no es este el concepto que mantiene el liberalismo. El liberalismo predica y defiende al individuo, y lo defiende con aquella seguridad que le da su propiedad: una propiedad que es garantía, y que no tiene nada que compartir con una visión económica de la vida (1999: 141).

La base de sustentación del liberalismo para Sartori (1999) no se encuentra en su dependencia de la economía de mercado o de la propiedad; tiene que ver más con la noción de libertad individual, lo que sustenta al liberalismo, debido a que la concentración del poder político absoluto es lo opuesto a la libertad de los individuos:

> El liberalismo, en su connotación histórica fundamental, es la teoría y la praxis de la protección jurídica, por medio del Estado constitucional, de la libertad individual. Bien entendido, este es

el liberalismo solo, en sí mismo, y no la liberal-democracia o el liberalismo democrático (1999: 143).

En relación con los componentes de la democracia liberal, señala Sartori (1999):

Es posible trazar una clara distinción entre la democracia política y la democracia en sentido social y/o económico: la democracia política es el Estado liberal que recibe su sustancia con la aparición del demos, mientras que las instancias sociales y económicas representan los añadidos que distinguen a la democracia en cuanto tal. Este tipo de análisis podría continuar largamente y debería también tener en cuenta —en el momento de la reconstrucción del conjunto— las concesiones recíprocas o incluso los contagios recíprocos. Por ejemplo, el liberalismo se ha abierto a la noción de igualdad de oportunidades, mientras que la democracia ha acogido la advertencia de que el poder debe ser controlado. Del mismo modo, en dicha alianza la naturaleza aristocrática del individualismo liberal ha sido corregida por el contacto con la "democracia social" (no confundir con una democracia socialista), y por lo tanto por la democracia entendida en el sentido atribuido por Tocqueville y Bryce: "igualdad de estima", igual respeto para nuestros iguales, independientemente de las diferencias de estatus y de riqueza (1999: 145).

La democracia liberal se encuentra condicionada por la interacción y el equilibrio que se genere entre la libertad y la igualdad. Dentro de esa combinación, nada sencilla en las experiencias democráticas contemporáneas, es posible encontrar el predominio de una tendencia sobre la otra, lo que explica por qué el equilibrio ha resultado difícil y allí es donde radica el reto de la democracia liberal, pues al señalar la libertad y la igualdad, se está refiriendo a cómo estas deben desarrollarse, es una "*preeminencia de procedimiento*, no de importancia" (Sartori, 1999).

> La participación en el ejercicio del poder no implica libertad individual. Mi libertad *vis-à-vis* el poder del Estado no puede derivarse de la porción infinitesimal de ese poder por medio del cual yo concurro, con innumerables otros, en la creación de las reglas de las cuales yo seré sujeto. Así que la limitación y el control del poder que nuestras democracias liberales proporcionan no es un logro menor *vis-à-vis* la democracia griega[9] (Sartori, 1987b: 283).

En su definición de la democracia, Touraine (2001) sostiene que esta se construye a partir de la articulación de los derechos fundamentales de la sociedad, el ejercicio de su ciudadanía y su nivel de representación:

> Es necesario, por lo tanto, que los dos mundos —el Estado y la sociedad civil—, que deben mantenerse separados, estén igualmente ligados uno al otro por la representatividad de los dirigentes políticos. Estas tres dimensiones de la democracia: respeto a los derechos fundamentales, ciudadanía y representatividad de los dirigentes, se completan; es su interdependencia la que constituye la democracia (2001: 43).

---

9   Participation in the exercise of power does not imply individual liberty. My liberty vis-à-vis state power cannot be derived from the infinitesimal portion of that power by means of which I concur, with innumerable others, in the creation of the rules to which I will be subject. So, the limitation and control of power that our liberal democracies provide is not a lesser achievement vis-à-vis Greek democracy. Traducción propia.

Para comprender la naturaleza de la democracia, es necesario en principio un referente histórico que permita registrar la constante evolución de la idea de democracia, procurando encontrar aquellas apreciaciones que se mantienen en esta época alimentando su concepción.

En relación con este aspecto, Requejo (1994) señala lo siguiente:

> Es el caso del paso de una sociedad aristocrática a otra democrática, de la importancia de la legalidad como elemento transformador, de las ambigüedades prácticas de las ideologías "emancipadoras" y de los movimientos ilustrados, del fácil ensamblaje de las concepciones democráticas e igualitarias y del difícil [paso] entre las ideas de participación y estabilidad, o entre libertad privada e igualdad pública, etc. Sin duda podremos comprender mejor los límites, riesgos y posibilidades de transformación de las democracias contemporáneas si tenemos presente la génesis y evolución de la *demokratia* griega de las democracias liberales modernas, y por otra parte, si se entienden las mayores continuidades que muestra la *demokratia* con las concepciones sobre la democracia política asociada a las formas de Estado no liberales del siglo XX en los países occidentales (1994: 70).

La necesidad es la de ser libres, de ejercer la libertad individual, pero en un contexto donde esa libertad sea igual para todos los individuos. El goce de la igualdad no es condición para el ejercicio de la libertad, haciendo necesario, para que la democracia liberal sea posible, lograr el equilibrio entre ambos principios, lo que representa sin duda un considerable desafío.

Está claro que la democracia de los modernos, que es la predominante, no guarda relación con el modelo de la democracia de los antiguos. La democracia moderna responde al modelo liberal de Estado, esto es del liberalismo político, tal como lo señalara Sartori (1987b, 1999, 2009), por cuanto, en la democracia antigua, los conceptos de libertad e igualdad no guardan correspondencia con las nociones propias de la modernidad (1987b: 284); tampoco la separación de poderes ni las libertades negativas. Al respecto, Berlin (1958) se refirió a la capacidad del hombre para actuar sin restricciones por parte de otros, siendo libre en la medida en que no hay limitaciones.

La diferenciación es pertinente, debido a que la democracia en la modernidad responde a un modelo filosófico, el liberalismo político, que lógicamente se encuentra ausente de la idea de democracia de los antiguos. Al respecto, en este sentido Requejo señala lo siguiente (1994):

> Parte de la confusión o falta de precisión habituales en la literatura filosófica y científica sobre la democracia se explica por no haberse distinguido claramente estas dos concepciones políticas. [...] Este hándicap analítico ha sido una característica más acentuada en las políticas globalizadoras y "orgánicas" que en las de tradición individualista moderna, siendo más visible en las tradiciones del socialismo y el nacionalismo que en las del liberalismo (1994:74).

Constant (1995), por su parte, reconocía que la libertad de los modernos era muy diferente de la de los antiguos, pues las complejidades del mundo moderno favorecían la búsqueda de una instancia que pudiese ocuparse de la toma de decisiones políticas y que les permitiera atender los asuntos particulares sin menoscabo de sus deberes y derechos políticos, en lo que representaba una forma de profundizar en la libertad individual.

> Así pues, que el poder se resigne a ello: necesitamos la libertad y la tendremos; pero como la libertad que nos es precisa es diferente a la de los antiguos, es necesario a esta libertad otra organización que la que podría convenir a la antigua libertad. En esta, cuanto más consagraba el hombre su tiempo y fuerza al ejercicio de sus derechos políticos, más libre se creía. En la clase de libertad que nos corresponde, cuanto más tiempo para nuestros intereses privados nos deje el ejercicio de nuestros derechos políticos, más preciosa será la libertad (1995: 10).

La democracia no puede circunscribirse a una experiencia única, sin sobresaltos en el tiempo. En relación con los distintos tipos de libertad, se pueden reconocer asimismo distintos modelos de democracia, pudiendo considerarse como predominantes dos de ellos: la directa y la indirecta, mediando entre ellas un vasto período, desde sus inicios en el siglo V a. C. para luego, en los siglos XIX y XX, retomar el concepto en un ambiente dominado por la noción de *república*.

En relación con la democracia como *participación*, Macpherson (1997) afirma que esta no representa un modelo "tan sólido ni tan específico" como puede ser visto en la democracia como *desarrollo* o *equilibrio*, que alrededor de la década de los años sesenta se distingue gracias a las movilizaciones que protagonizaron las organizaciones de izquierda estudiantiles que posteriormente se unieron a la representación de la clase obrera en los años setenta.

En esa misma época puede identificarse una respuesta más favorable hacia la participación ciudadana en la toma de decisiones públicas, llegando a hacerse efectiva en algunas experiencias, determinando que la democracia participativa requiere una sociedad más equitativa que tienda a la disminución de la brecha social en términos significativos (Macpherson, 1997).

Es razonable afirmar que el modelo de democracia directa está condicionado por los aspectos demográficos, geográficos y procedimentales en las sociedades modernas. Sin embargo, el tema de la representatividad crea demandas no resueltas que los dispositivos de participación pudieran contribuir a corregir.

Al respecto, Macpherson alega que el problema no es que la democracia sea participativa; en realidad, se trata de cómo lograr los mecanismos efectivos para la participación, pues se requiere un ejercicio, por parte de los ciudadanos, capaz de superar la naturaleza pasiva que los caracteriza, lo que deja claro que la consolidación de la democracia participativa requiere la disminución de las desigualdades sociales y económicas, además de la cohesión en torno a un espíritu comunitario de forma más arraigada, donde se encuentra la disyuntiva participación/desigualdad social, discusión que guarda estrecha relación con el debate libertad/igualdad.

No deja de ser una gran paradoja que, para la consolidación de la democracia participativa, una sociedad con marcados desequilibrios necesite superarlos para allanar su camino. La participación se comportaría como el instrumento para disminuir las brechas socioeconómicas, lo que no deja de ser limitante si es la condición para alcanzar la participación democrática, que así refiere Macpherson (1997):

De ahí el círculo vicioso: no podemos lograr más participación democrática sin un cambio previo de la desigualdad social y la conciencia, pero no podemos lograr los cambios de la desigualdad social y la conciencia si antes no aumenta la participación democrática (1997: 121).

Profundizando al respecto, Macpherson (1997) señala que: la simplificación del modelo al que correspondería la democracia participativa sería el sistema piramidal, en donde se encontraría la democracia directa en las bases y la democracia delegada en todos los niveles superiores. Luego, en segundo término, refiere que esta composición requiere la concurrencia de partidos políticos competitivos, cuya participación es importante para la articulación de demandas, ante lo cual Macpherson se cuestiona sobre si la democracia participativa puede considerarse liberal, siendo su respuesta afirmativa, dado que, con un sistema de relaciones sustentado en la igualdad del derecho al desarrollo de la propia personalidad, la democracia participativa se encontraría dentro de las dimensiones del modelo liberal democrático.

En este orden de ideas se encuentra, en Mouffe (1999), el siguiente señalamiento:

Tomar en serio el principio ético del liberalismo es afirmar que los individuos deberían tener la posibilidad de organizarse la vida como lo deseen, de escoger sus propios fines y de realizarlos como mejor les parezca. En otras palabras, es reconocer que el pluralismo es constitutivo de la democracia moderna. En consecuencia, es preciso abandonar la idea de un consenso perfecto, de una armoniosa voluntad colectiva, y aceptar la preminencia de conflictos y antagonismos. Una vez descartada la posibilidad de lograr la homogeneidad, resulta evidente la necesidad de las instituciones liberales (1999: 144).

El planteamiento de Mouffe sintetiza la idea del desarrollo de una democracia que requiere la superación de la búsqueda de equilibrio entre libertad e igualdad, porque es la propia contradicción entre ambos principios lo que contribuye a su fortalecimiento; es esa misma naturaleza conflictiva la que le permite avanzar en su consolidación como modelo político.

En relación con el mismo tema, Giddens (2001) señala sobre la naturaleza de la autoridad en la socialdemocracia:

> En una sociedad donde la tradición y la costumbre están perdiendo su fuerza, la única ruta para establecer la autoridad es la democracia. El nuevo individualismo no corroe inevitablemente la autoridad, pero reclama que sea reconfigurada sobre una base activa o participativa (2005: 82).

La autoridad definida en función de los principios que la sociedad considera fundamentales muestra que indudablemente el ejercicio de derechos, tanto individuales como colectivos, ha sido asimilado de manera que superan a la elección popular como única expresión de participación.

En un análisis sobre el modelo procedimental de la democracia de Estados Unidos, Zimmerman (1992) examina los costos y beneficios de la participación ciudadana y electoral y las formas activas y pasivas de participación en los asuntos públicos. Al respecto, señala lo siguiente:

> La amplia diversidad que exhiben los proyectos y programas gubernamentales por lo que concierne a su importancia y a su

impacto en la ciudadanía indica que la participación ciudadana es más necesaria y tiene mayores alcances en algunos proyectos que en otros. Generalmente, un programa operativo que es inocuo y que además no es sujeto de controversia, no requiere de la participación activa de los ciudadanos. Por otra parte, puede argüirse que los programas y proyectos públicos que involucran grandes sumas de dinero y que tienen mayor impacto en la ciudadanía deben planearse y ejecutarse con la participación de los ciudadanos. En el caso de un programa de gran envergadura que despierta gran controversia, los ciudadanos intervendrán automáticamente, aun sin que exista un aparato formal para ello, y su participación puede adoptar la forma de diversas acciones de protesta, entre ellas acciones judiciales para bloquear el programa (1992: 14).

Tiene sentido ocuparse de los asuntos públicos y mucho más cuando se trata de obras y servicios que tienen considerable impacto sobre la población. Lo que queda claro es que es mucho más efectivo cuando la ciudadanía se involucra en las decisiones sobre cuáles programas y proyectos emprender; de esta manera, las decisiones estarán más cercanas a las aspiraciones y expectativas de quienes serán sus beneficiarios, lo que también implica que cuando esa participación no ocurre por la vía formal probablemente será por la vía de la exigencia o reclamo si se trata de asuntos sensibles para las comunidades.

En otra aproximación a la democracia, Held (1998) define la democracia liberal representativa como:

... un conjunto de reglas, procedimientos e instituciones creadas para permitir la más amplia participación del mayor número posible de ciudadanos, no en los asuntos de Estado, sino en la elección de representantes, los únicos que pueden adoptar decisiones políticas. Este conjunto de reglas incluye aquellas destinadas a garantizar la correcta elección del gobierno (1998: 504).

De acuerdo con esta definición, se reconoce como fundamental la representatividad, la potestad de escoger a quienes serán los que tomen las decisiones por los ciudadanos, lo que asimismo presenta dificultad para procurar la participación (Held, 1998):

> ... la historia no puede acabar aquí. La democracia tiene otra dimensión. De hecho, tiene muchas otras dimensiones. Por ejemplo, existen problemas complejos relacionados con la dimensión interna de la democracia representativa. Se refieren a la conexión existente entre la esfera pública y la privada; entre las posibilidades reales que el ciudadano tiene de participar en la vida política y los obstáculos que, para esta participación, suponen las desigualitarias relaciones de género (1998: 505).

La definición de la democracia participativa como complemento de la representativa que hace Sader (2005) permite identificar algunos de sus atributos e instituciones:

> Las experiencias políticas que asumieron el nombre de democracia participativa en general se oponen o buscan complementar las formas de democracia representativa. En este caso, se trata de experiencias de políticas de afirmación del Estado de Derecho, de planeamiento territorial, de "responsabilidad social" de empresas, de participación de las mujeres en la lucha política, de democracia participativa en sus formas clásicas o de presupuesto participativo, de afirmación de derechos sociales (2005: 144).

Sartori (1994) reconoce en la participación un instrumento fundamental para el desarrollo del Estado democrático; sin embargo, esta por sí sola no es suficiente para garantizar la consolidación de la democracia representativa que, conjuntamente con la democracia directa, son intersectadas por la variante participativa, y además agrega que no se detiene a compararla con la populista, pues "una oscuridad no ilumina a otra oscuridad" (1987a: 115).

En relación con la participación, se refiere en los siguientes términos:

La verdad es que el participacionismo de los años sesenta es, sobre todo y casi únicamente, una exasperación activista por participar. El llamado a "participar más" es meritorio, pero inflado sin medida sería casi como si toda la democracia se pudiese resolver con la participación. Es una recaída infantil, y también peligrosa que nos propone a un ciudadano que vive para servir a la democracia (en lugar de la democracia que existe para servir al ciudadano) (1994: 76).

Sartori se muestra no solamente escéptico en relación con la participación como fórmula para corregir las deficiencias de la democracia, sino que además reconoce que se debilita a la propia democracia al transferirle parte de la carga al ciudadano, cuando es el Estado quien debe velar por el cumplimiento de las funciones que son inherentes a la responsabilidad que la sociedad le ha conferido, no al revés. Por supuesto que para Sartori luce razonable el comportamiento del Estado en estos términos, dado que su preferencia es la democracia liberal, es decir, *representativa*.

La democracia ha estado en el centro de la discusión moderna, por la necesidad de garantizar su viabilidad, pero también por las deficiencias en su consolidación. El debate se inscribe en la profundización de los mecanismos de la democracia, que muy bien comprenden el modelo. El tema de la participación no deja de ser un desafío para algunas sociedades, por la resistencia de sectores dominantes que se oponen a la apertura del control político. Sin embargo, las circunstancias han obligado al camino democrático en casos como el de Myanmar, el más reciente, y la primavera árabe (aunque está por verse si es la democracia el valor predominante en estas sociedades).

Para Tezanos es necesaria la ampliación del proceso de democratización con una cuarta etapa que sería la democracia participativa o democracia posliberal, en respuesta a la crisis que vive la democracia. Existen razones *históricas* que señalan el cambio producto de la evolución de la humanidad, tal como ocurrió con el logro de la democracia política y la democracia social; *políticas*, en relación con las cuales concurren las muy diversas discusiones en torno a la cuestión ideológica, que operan como pequeñas sacudidas a las tradiciones del pensamiento en crisis; *sociales*, que expresan la propia dinámica social contemporánea que se hace presente en los nuevos contextos, organizaciones y movimientos sociales que reclaman un mayor protagonismo, en los que se cruzan demandas en torno a la optimización de la democracia y el ejercicio ciudadano, y finalmente *procedimentales*, porque la democracia está experimentando desajustes en su capacidad operativa, debido a los cambios en el entorno, producto de la dinámica social antes mencionada, que alteran el patrón de desempeño, al complejizarlo con demandas no solamente mayores sino mucho más exigentes, todo ello influido sin duda alguna por el ámbito económico (2002: 42-43).

El tema, por tanto, sigue siendo una tarea pendiente: el anhelo de una democracia donde la participación sea una condición permanente requiere que trascienda lo meramente procedimental, porque de lo que se trata es de un cambio de conciencia institucional y ciudadana, se trata de un modelo de vida. Las diferencias entre la democracia directa y la representativa, a juicio de Cortina (2008: 90), tienen que ver más con dos concepciones antropológicas que se manifiestan como aproximaciones desiguales al desarrollo social del individuo, y conciliarlas parece ser un desafío.

Los autores señalados permiten identificar condiciones fundamentales para la consolidación de un modelo de democracia en el que se encuentren expresadas las esperanzas del ciudadano en torno a la conducción política de la sociedad. Sin embargo, no hay duda en reconocer que estas disquisiciones filosóficas no proceden del ciudadano, quien espera, eso sí, una democracia en lo procedimental más cercana al espíritu democrático del cual tantas sociedades hacen alarde.

Democracia global

Si la democracia directa presenta serias dificultades de realización por razones procedimentales fundamentalmente, no es menos cierto que las realidades geopolíticas han influido de manera significativa en la forma como la democracia representativa se desarrolla en la actualidad.

Held (2007) sostiene que las relaciones políticas han trascendido los territorios nacionales, y que, tanto en el ámbito económico como en el derecho internacional y la cultura, el impacto ha sido determinante en la transformación del carácter de la toma de decisiones políticas, porque estas ya no se circunscriben al espacio donde se decide, sino que debido a los acuerdos económicos o a los instrumentos de carácter legal suscritos, además de los factores de índole cultural, cualquier medida del Estado tiene repercusiones significativas sobre el resto de la comunidad internacional. Al respecto, Held sostiene que: "la soberanía misma tiene que ser concebida hoy en día como dividida entre un número de organismos nacionales, regionales e internacionales, y limitada por la propia naturaleza de su pluralidad" (2007: 426).

Este panorama no hace más que reforzar lo que Dahrendorf (2002) señalara en relación con los lugares hacia donde se ha desplazado la toma de decisiones políticas y económicas, ya no en el territorio y las instituciones de los Estados, sino en las grandes corporaciones y organismos multilaterales. Sin embargo, resulta mucho más clara la existencia de mercados globales que la posibilidad de concebir una democracia mundial o un Estado de derecho planetario (Attali, 2009: 121).

Muchas decisiones políticas, dentro del ámbito del Estado-nación, son tomadas una vez que en el escenario mundial ya han sido previamente decididos factores relacionados con las mismas. En este contexto, la noción de democracia se aleja de su naturaleza de un *demos* que decide para trasladarse a otras estructuras: la Organización de las Naciones Unidas, el Grupo de los Ocho o la Organización del Tratado del Atlántico Norte. La pregunta que cabe hacerse entonces es: ¿es posible hablar de *democracia* en el contexto mundial o global? Porque resulta ingenuo pensar que se pueda hablar de una democracia global o mundial cuando algunos países se abstienen de someterse a lo que se acuerda como medidas necesarias para todos: un ejemplo claro es la negativa de los Estados Unidos a ratificar el Protocolo de Kioto o a firmar el Estatuto de la Corte Penal Internacional de La Haya.

En esos términos, resulta lejana la posibilidad de concebir una democracia global, que pudiese muy bien estar presente en algunos comportamientos concretos, sobre todo en el ámbito económico, pero que no puede verse sino con escepticismo cuando se observa al mundo islámico, envuelto en una *primavera*, para luego ser testigos de cómo el poder pasa a manos de fundamentalistas, circunstancia que promueve hipótesis en torno al déficit de democracia que ha acompañado a muchos países, específicamente del mundo árabe, señalando que este puede obedecer a que tales países estuvieron expuestos a estructuras de control desarrolladas posteriormente a las conquistas árabes (Chaney, 2012: 3).

Held propone una democracia cosmopolita que contemple la democratización y la ampliación de la autonomía democrática, tanto en los niveles regionales como en el mundial, en equilibrio con esas mismas capacidades de los espacios locales y nacionales. Para que una democracia con estas dimensiones pueda tener lugar, es necesario que se restructuren los límites territoriales de los sistemas de responsabilidad, de manera que sea posible un control democrático más efectivo en aquellas materias donde la competencia nacional no es posible. Tal es el caso del comercio internacional o la política ambiental; y, adicionalmente, que el rol y estatus de los órganos funcionales y reguladores a nivel regional y mundial sea mucho más eficiente en el manejo de los asuntos públicos (Held, 2007: 428).

Queda claro que el estrechamiento del planeta (consecuencia del desarrollo de los medios de transporte, de las comunicaciones y de la industria espacial) hace cada día más creíble (y a los ojos de los más poderosos más seductora) la idea de un gobierno mundial (Augé, 2009: 7).

Para Ortega, la democracia global representa la otra cara de la dimensión democrática que nace en los Estados y que se complementa en el orden internacional (Ortega, 2006: 251). En la medida en que las democracias son desarrolladas en el orden interno de los países, las exigencias del entorno crecen con respecto al orden democrático en la esfera mundial, dada su expansión y el consenso en cuanto a su conveniencia. Ahora bien, Ortega también reconoce que son muchos los países cuyas prácticas en política exterior repercuten de manera negativa en el espacio democrático mundial, citando los casos de Estados Unidos, Rusia y China. De igual forma, refiere que hay países que dicen llamarse democráticos tan solo porque conviene no reconocer que son lo contrario, además de por las barreras culturales, históricas y sociales que impiden la consolidación de la democracia en algunas sociedades (Ortega, 2006: 251).

Sin embargo, reconociendo el escepticismo que una formulación utópica como las señaladas puede provocar, es también una posibilidad, es el contexto globalizado del cual no parece posible escapar y que en todo caso requiere esfuerzos para hacer viable la convivencia armónica, ya no solo de los pueblos en particular, sino de la humanidad en general. Un reto de dimensiones globales, sin duda.

La democracia en el pensamiento político de la modernidad y la posmodernidad

Para que una sociedad perdure, es necesario que las mentes de todos los ciudadanos se mantengan unidas por ciertas ideas básicas, y esto no puede suceder salvo que cada uno de ellos tome su opinión de una fuente común y acepte ciertos modelos de creencias previamente configuradas.

ALEXIS DE TOCQUEVILLE.
LA DEMOCRACIA EN AMÉRICA

La modernidad

La democracia, en el pensamiento político, tiene sus orígenes en la antigua Grecia. Sin embargo, la que ocupa el interés de esta investigación se ubica en el contexto de los pensadores de la modernidad, entendiéndola como el modelo de sociedad con los valores característicos de una época y de un pensamiento crítico del orden antiguo que, desde hace un tiempo para algunos, ya se encuentra en crisis.

La modernidad representa una expresión que intenta desmarcarse de lo antiguo, que reclama para sí misma la condición de novedad, aun cuando Habermas opina que la condición moderna no es exclusiva del período que sigue al Renacimiento, pues dicho término se puede encontrar en diferentes épocas históricas, refiriéndose al cambio de conciencia que ocurre cuando un modelo de sociedad es desplazado por otro; cuando una forma de interpretar la realidad es sustituida por otra (Habermas, 2004).

Describir la modernidad pasa por entender su naturaleza crítica con respecto al orden que la precedía, por tratarse de la ruptura con una forma de ver no solo la existencia, sino su interpretación de esta. La modernidad caracteriza al espíritu de una época que tuvo sus referentes teóricos en el movimiento de la Ilustración. Este proceso de ruptura que encarna la modernidad es lo que se conoce como *modernización*, mientras que el modelo ideológico que se construye a partir de esa relación es el *modernismo*.

La modernidad es el reflejo de una necesidad muy humana de diferenciación, de distinción, de alejarse de aquello que ya no tiene sentido; es una forma de contrastar lo que ya es antiguo con lo que es novedoso. En el siglo XIX, es posible encontrar la interpretación de lo moderno desde dos posturas en contraste; por una parte, lo moderno destaca el desarrollo económico-industrial de Occidente y por otra parte, es una forma de expresar el rechazo a las consecuencias generadas por ese desarrollo, la llamada *vanguardia*. El modernismo, entonces, va a estar impregnado de la lucha por las libertades individuales y el rechazo a la autoridad arbitraria (Gradowska, 2004: 27).

Sin embargo, la definición de modernidad va a estar también condicionada por la disciplina de la que provenga y por su particular concepción de la teoría de la modernidad a la que haga referencia (Von Beyme, 1994). De esta forma, la economía, la cultura y las artes, entre otras, definirán la modernidad según sus valores predominantes.

La modernidad, de acuerdo con Von Beyme (1994), ha sido ubicada en el contexto histórico del siglo XVII, diferenciándose en ella dos grandes corrientes filosóficas: el empirismo de Bacon y el racionalismo de Descartes. Pero para otras disciplinas, como la economía o las ciencias sociales, las divisiones temporales, o *cesuras* de las que habla Von Beyme, no son las mismas, pues cada una obedece a sus propios intereses (objetos de estudio). Von Beyme señala que en la construcción de las teorías sociales y políticas se distinguen tres etapas en la modernidad: la temprana, marcada por la tendencia evolucionista y el holismo; la clásica, que se diferencia de la etapa premoderna, y la posmodernidad, que manifiesta la profundización de los valores modernos.

La modernidad encuentra elementos para su construcción en la noción de universalidad del cambio social y en la fundamentación de una identidad racional que conduce a la fragmentación del conocimiento y su objeto, superando la unidad que había caracterizado al pensamiento filosófico hasta entonces (Von Beyme,1994).

El espíritu moderno encarna el ímpetu del cambio, de la transformación, en el que el viejo orden se encuentra fuera de lugar, porque la racionalidad —en la acepción que le da Habermas (2007), más como forma de uso del conocimiento que como conocimiento propiamente— sustituye la fe, y el hombre, en lugar de someterse al dominio de la Iglesia, se subordina a la idea del progreso. La modernidad plantea que el hombre es uno con la naturaleza, ¿acaso negando todo posible dualismo entre cuerpo y alma como lo consideran Kant y Descartes?

Se trata de que el hombre se conoce por sus obras, por sus productos y, por eso, como lo afirma Touraine (2002), con ello se sella la muerte del sujeto. En la modernidad ocurre un desplazamiento de las tradiciones, de las costumbres, del orden, del poder y de la forma como se interpreta la existencia. Además la racionalidad, siendo el eje del pensamiento moderno, permite el desarrollo de otros espacios, como el económico, gracias a la racionalidad científico-técnica que se impone.

Una de las expresiones más claras de la modernidad es su rechazo al ejercicio del poder absoluto. Este rechazo lo comparten destacados pensadores de la época como Locke, Montesquieu y Rousseau, en su oposición a la noción del origen divino o hereditario de la legitimación del poder político, abogando por su secularización (Touraine: 2002).

> La ideología modernista no estuvo vinculada con la idea democrática, sino que fue propiamente revolucionaria al criticar, en teoría, y posteriormente en la práctica, el poder del rey y de la Iglesia católica en nombre de principios universales y de la razón misma (Touraine, 2002: 26).

En el liberalismo se encuentra la base filosófica de la modernidad, cuyas ideas fundamentales comprenden el individualismo, la concepción instrumental de la actividad política y el consentimiento político para la legitimación del poder. Locke, uno de los precursores del liberalismo político, plantea una "filosofía política con ramificaciones antropológicas" (Corcuff, 2008), en la cual las libertades individuales no sufren desmedro alguno por la constitución del Estado civil (producto del acuerdo para preservar el orden social), pues se convierten en libertades garantizadas por el pacto suscrito. Locke, además, advierte que la monarquía absoluta es incompatible con la sociedad política (Locke, 1983), pues esta surge como un mecanismo de garantía de la superación del estado de naturaleza que, con el ejercicio absoluto del poder, repite las condiciones para que los derechos individuales estén sometidos a una voluntad única, la del que tiene más fuerza, la del monarca que concentra en sus manos las facultades legislativa y ejecutiva, sin ningún límite.

Otro pensador liberal es Montesquieu, quien expresa la preocupación en torno a una "antropología del poder y una filosofía política de los poderes" (Corcuff, 2008) que continúa en la idea de Locke en relación con la limitación del ejercicio del poder del gobernante. Para Corcuff, Montesquieu no formula la teoría de la separación de poderes, pero sí define la necesidad de un sistema de frenos y contrapesos, donde además se encuentren los dispositivos (institucionales) que permitan la moderación, tales como las leyes, las constituciones y el equilibrio de poderes propiamente. A esto añade Corcuff que Montesquieu no confía en dispositivos internos sino externos, lo cual revela una "antropología pesimista del poder", pues el hombre tiene una predisposición natural al abuso del poder, que se controla mediante la aplicación de esos dispositivos. La tesis de Montesquieu sobre el gobierno moderado se basa en la diferenciación de los poderes como garante de la libertad política, que no debe confundirse con el poder del pueblo, pues esa libertad se encuentra sujeta a la ley (Pisier *et al.* 2006).

Por otra parte, Rousseau, quien representa una posición radical en el pensamiento liberal, a quien Touraine (2002) considera el crítico de la modernidad desde adentro, plantea en su filosofía los conceptos de contrato social e igualdad, refiriéndose al contrato social como:

"Encontrar una forma de asociación que defienda y proteja con toda la fuerza común a la persona y los bienes de cada asociado y por la cual, uniéndose cada uno a todos, sólo obedezca, sin embargo, más que a sí mismo, y permanezca tan libre como antes". Tal es el problema fundamental, cuya solución da el *contrato social* (Rousseau, 1973: 16).

Rousseau considera que es solo mediante el pacto social como el hombre puede defenderse de la fuerza, del poder que no conoce limitaciones, porque mediante ese acuerdo se suman las voluntades para encarnar una sola que será la garantía para la preservación de la libertad en el estado social y la limitación de las desigualdades. La voluntad general representa la sumatoria de todas las voluntades. Al contrario de suponer que restringe la libertad, Rousseau considera que permite su ejercicio. La tesis de Rousseau muestra por una parte a la libertad como un hecho natural que el contrato social está destinado a proteger y, por otra parte, a la *igualdad,* que es el eje central del pacto (Corcuff, 2008). Es en la misma figura del contrato donde se encuentra el mecanismo de coerción capaz de lograr que el hombre, en lugar de depender de los individuos, se someta a la voluntad de la comunidad, sin que este pierda su libertad (Wolin, 2001). En este sentido, Touraine (2002) señala que la voluntad general no se concibe para la protección de los intereses de la mayoría, sino para dirigirla hacia los problemas generales de la sociedad.

El modelo clásico, como denomina Touraine (2001) al pensamiento moderno, refleja la relación de interdependencia que se produce entre la institucionalización y la socialización. El hombre moderno logra desembarazarse de la lógica de la tradición, que lo obligaba a considerar su vida en función de la finalidad última de la existencia, para mirarse como parte de una realidad social, en la que trasciende gracias a su capacidad creadora, que le permite producir para subsistir y además interactuar con sus semejantes mediante un vínculo social denominado *ciudadanía*; todo ello inspirado en la razón como valor universal; en la iniciativa del individualismo, como una moral particular dentro del contexto de una realidad formal normativa-institucional (ver figura n.º 1).

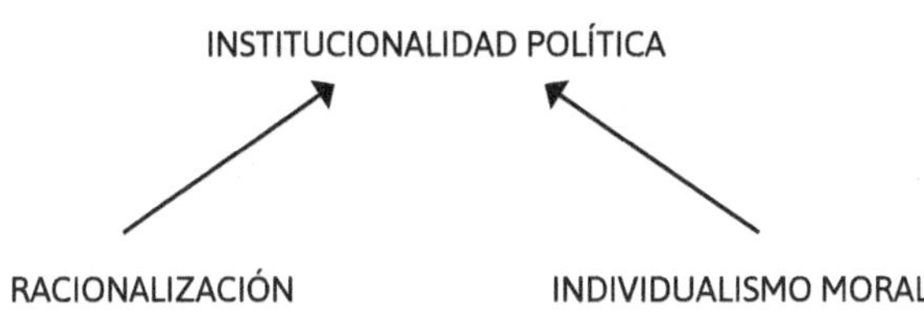

Figura n.º 1
FUENTE: Touraine, 2001: 30.

La modernidad en su esencia se encuentra en un combate permanente con la naturaleza normalizadora de la tradición (Habermas, 2004). Ese resulta ser uno de los rasgos más persistentes de la fe modernizante. Pero esa resistencia hacia la norma no deja de ser irónica, pues la misma modernidad impuso cánones de comportamiento tan férreos como las mismas reglas del pasado que tanto cuestiona; se encuentran en el mercado, en la cultura y hasta en los códigos sociales. En cada espacio operaron dispositivos de control que fueron profundizando la diferencia con otros, gracias a la superespecialización, al extremo que la distancia hizo de cada ámbito un espacio cerrado de escaso intercambio.

Es en la propia modernidad, desde su concepción, donde se manifiestan las debilidades que, para Touraine, constituyen su propia fuente de agotamiento. Al centrar su discurso en la voluntad de ruptura, cifrando su razón de ser en su capacidad transformadora, las razones objetivas que fundamentan la modernidad desaparecen. Cuando modernidad y modernización tomaron distancia, la aspiración de una sociedad dominada por la razón se desvaneció al no haber nada que tuviese la necesidad de modernizar, al carecer de un reto que tampoco supo crear (Touraine, 2002).

> La debilidad de esta ética, de esta estética y de esta política se debe a que la ideología modernista es poco convincente cuando trata de dar un contenido positivo a la modernidad, en tanto que se manifiesta fuerte cuando permanece en posición crítica (Touraine, 2002: 26).

La modernidad se mantiene con vida en la medida en que se encuentra situada dentro de una dinámica con fuerzas contradictorias; solo de esa forma es capaz de sostenerse; de lo contrario, se agota en la medida en que su objeto de liberación —el hombre— y su instrumento —la razón— se encuentran sin ninguna batalla que librar.

A este debate ha contribuido, sin duda, la Escuela de Fráncfort, en las tesis planteadas por Theodor Adorno, Max Horkheimer, Herbert Marcuse y Jürgen Habermas, por mencionar solo algunos, quienes desarrollaron una corriente de reflexión generadora de amplias discusiones desde posiciones adversas al capitalismo, en las que abiertamente se identificaban con el marxismo.

Ese pensamiento crítico y reflexivo está centrado en la búsqueda de las contradicciones en la realidad social para, a partir de ellas, comprender no solamente dónde se está situado, sino hacia dónde se dirige, en una demostración de inconformidad con la realidad que se vive. La crítica es el proceso para iniciar la reflexión. Una vez que se comprende la realidad circundante, se puede pensar en lo que es posible construir: es lograr superar la imposibilidad de llevar a la praxis la teoría. Con ello lo que se pretende es la superación de la razón instrumental, de la razón centrada en el sujeto.

Lipovetsky, citando a Paz, refiere que el modernismo se concibe como una capacidad de autodestrucción creadora. Una cultura que se ha construido sobre el rechazo de lo existente, con un apego por lo novedoso, que entra en crisis cuando se encuentra con que la negación ha dejado de ser creadora y descubre que se ha producido un agotamiento de la vanguardia (1994: 81). Desde esta perspectiva, la noción de desgaste lleva a pensar en la necesidad de reinventarse un escenario de lucha que reproduzca la urgencia de oponer una fuerza contra otra para rescatar el espíritu moderno.

La democracia en el pensamiento moderno

La idea de democracia en Rousseau es escéptica y pesimista, porque plantea la naturaleza de los hombres y su relación con el poder como el principal obstáculo para desarrollar el gobierno del pueblo. Rousseau considera que los hombres presentan desigualdades en lo natural (físico) y en lo político (moral) que hacen difícil consolidar la democracia, además de las dificultades procedimentales. En relación con la democracia, refiere Rousseau:

Tomando el término en su rigurosa acepción, no ha existido nunca verdadera democracia, ni existirá jamás. Va contra el orden natural que el gran número gobierne y el pequeño sea gobernado. No se puede imaginar que el pueblo permanezca continuamente reunido en asamblea para tratar los asuntos públicos, y fácilmente se ve que no podría establecer para esto delegaciones sin que cambie la forma de la administración (Rousseau, 1973: 70).

Rousseau muestra en este pasaje su poca fe en las posibilidades del gobierno democrático, por las cualidades del hombre y su dificultad de escapar de la tentación del poder, además de señalar la dificultad de entrega del ciudadano a las labores propias de la conducción política, del gobierno, que Rousseau entiende no puede significar el abandono de su vida privada. Pero advierte el autor que, de modificar lo que define a la democracia como el gobierno del pueblo, se convierte en otra cosa, muy distinta de lo que esta forma de gobierno representa en su teoría.

Sin embargo, para Rosanvallon, tanto Rousseau como Montesquieu conciben la democracia como un régimen fundamentado en el autogobierno y la capacidad legisladora del pueblo, siendo Rousseau más proclive a darle un mayor valor a la noción de soberanía, mientras que en Montesquieu la inestabilidad y la tendencia a la corrupción de la democracia destacan como importantes debilidades, por lo que considera que ambos autores no creían factible su desarrollo en la sociedad moderna (Rosanvallon, 2006: 13).

La democracia no formaba parte del imaginario del modernismo; en realidad, no constituía una aspiración de esta sociedad en cuanto a su expresión antigua. Además, la llamada "democracia jacobina" fue el argumento de sus contrarios para defender la naturaleza inconveniente de la democracia directa en las sociedades modernas (Touraine, 2002). Al respecto, resulta pertinente incorporar la reflexión de Rosanvallon sobre este hecho, refiriendo que a las ideas de la denominada corriente de la derecha les resultaba incómoda la noción de soberanía popular, mientras que la corriente de izquierda se identificaba con las ideas socialistas. No fue hasta 1848 cuando la denominación "democracia" comenzó a tomar relevancia en el discurso político (Rosanvallon, 2006: 9).

Entre 1787 y 1788, período en el que se discute la Constitución Federal de los Estados Unidos de América, el interés se centra en la definición de la mejor forma de gobierno popular, rechazando la democracia de los antiguos y prefiriendo un sistema representativo, incorporando principios liberales, pudiendo reconocerse este como república o democracia (García, 1998: 120).

En la Declaración de los Derechos del Hombre y del Ciudadano se manifiestan elementos constitutivos del modelo democrático. Además, sin nombrarlos directamente, ya se encuentran reflejados los valores que en la democracia constituyen su núcleo duro.

> Artículo 6.- La ley es la expresión de la voluntad general. Todos los ciudadanos tienen derecho a contribuir a su elaboración, personalmente o por medio de sus representantes. Debe ser la misma para todos, ya sea que proteja o que sancione. Como todos los ciudadanos son iguales ante ella, todos son igualmente admisibles en toda dignidad, cargo o empleo públicos, según sus capacidades y sin otra distinción que la de sus virtudes y sus talentos.

En estos tiempos, el debate en torno a la democracia se ha orientado hacia el problema de la ideología y los instrumentos de la democracia como los aspectos más relevantes. Es por ello por lo que la necesidad de responder a crecientes y complejas demandas determina una fórmula de respuesta que pudiera no corresponder con las circunstancias. Es probable que, por razones de crecimiento demográfico y de escasez de medios, resulte inevitable la formulación de políticas públicas globales en la atención de necesidades colectivas específicas, dejando la posibilidad de una brecha entre los decisores y quienes son objeto de esa política, por la distancia entre ambos. Desde la perspectiva de la *industria cultural,* se sacrifican esos propósitos para guardar las formas que en el caso de las decisiones políticas se miden por los costos, no solo materiales sino además electorales.

Habermas (2001), en su juicio sobre la democracia, plantea "una concepción de la democracia reducida en términos empiristas, que elimina del poder y del derecho su aspecto de legitimidad democrática" (I). Luego, señala que comparando los modelos normativos de democracia, presenta una concepción procedimental de esta forma de gobierno distinta de la concepción totalizadora de la sociedad estadocéntrica (II), para finalizar con su análisis sobre Dahl y la perspectiva sociológica y de indagación sobre la comprensión procedimental de la democracia (2001: 364).

En relación con la primera variable, Habermas se refiere a la concepción de la democracia de Becker (1992), a la que considera meramente una democracia de masas, cuestionando el papel de las minorías en relación con la tiranía de las mayorías y los mecanismos para asegurar su protección, que se obtiene por la vía de la aceptación de las reglas del juego democrático en una concepción empirista que ciudadanos racionales no tendrían por qué obedecer, pues representaría un abandono del carácter normativo al proponer la comprensión intuitiva de la democracia (2001: 371).

Para Habermas (2001), la democracia se sostiene sobre la base de una política deliberativa, que se diferencia de los modelos centrados en la economía (Estado liberal) o el republicano (Estado institucionalizado), que tradicionalmente se han considerado para su interpretación. Para Held (2007), la democracia deliberativa sostiene una perspectiva dirigida hacia el perfeccionamiento de la calidad de la democracia. En su argumento, Habermas aspira a desarrollar un concepto de democracia deliberativa de doble vía, diferente de la perspectiva comunitarista y la liberal (2001: 381).

Habermas (2001) se detiene en Bobbio (2003) para referirse a su concepción de la democracia, en la que aporta una definición mínima de la misma que comprende la potestad que tienen unos individuos, aceptada por los miembros de su comunidad, para tomar decisiones que afectan a todos, teniendo unas reglas fundamentales que señalan los procedimientos por los cuales se deberán ejecutar las acciones, concretando el ejercicio de un representante, un fiduciario —que no delegado— de intereses generales.

En cuanto a la perspectiva sociológica, Habermas considera que Dahl profundiza en el planteamiento de Bobbio sobre los aspectos normativos del procedimiento democrático. Señala Dahl (1999: 59) que: "la democracia garantiza a sus ciudadanos una cantidad de derechos fundamentales que los gobiernos no democráticos no garantizan ni pueden garantizar". En este sentido, reconoce que la democracia se refiere tanto a un ideal como a una realidad, construyendo un modelo democrático en el que se requiere se encuentren presentes al menos cinco (5) criterios: participación efectiva, igualdad de voto, comprensión ilustrada, control de la agenda e inclusión de los adultos que, para Habermas, ningún sistema político cumple suficientemente, pues resulta necesario aplicarlos con criterios de selectividad, debido a la complejidad social que representan (2001: 394).

En relación con la Teoría de la democracia de Habermas, Touraine (2002) señala lo siguiente:

> Habermas recuerda constantemente que no hay democracia si no se escucha y reconoce al otro, si no se busca lo que tiene un valor universal en la expresión subjetiva de una preferencia. La deliberación democrática, en un parlamento o ante un tribunal o en los medios de difusión, supone ante todo que se reconozca cierta validez a la posición del otro, salvo en el caso en el que este se coloque clara y voluntariamente más allá de las fronteras de la sociedad (2002: 331).

Para Touraine, Habermas trae a discusión que en todo conflicto social se plantea siempre el referente cultural en común que tienen las partes, de forma que, prosigue Touraine, en el debate democrático se encuentran el consenso, el conflicto y el compromiso (2002: 332). Sin embargo, más adelante, pone en duda la tesis de Habermas, en relación con la vuelta a la racionalidad objetiva, manifestándose contrario a la contraposición entre lo universal y lo particular, la participación y la libertad, la razón y la religión. Según Touraine, la democracia es la forma política "que garantiza la compatibilidad y la combinación de lo que con demasiada frecuencia se manifiesta como contradictorio y puede conducir al conflicto entre los aparatos de dominación y las dictaduras de la identidad, conflicto mortal cualquiera que sea el vencedor" (2002: 336).

Al respecto, Mouffe (1999) afirma que Habermas cree en verdad que el surgimiento de formas universales de moral y de derecho es la expresión de un proceso colectivo irreversible de aprendizaje, y que negar esto implica negar la modernidad, minar los fundamentos de la existencia de la democracia.

Finalmente, Popper considera que la democracia es el único sistema que garantiza la protección contra el abuso de poder, porque descansa en la potestad de los gobernados de juzgar y destituir a sus gobernantes. La democracia es el modelo que permite controlar al poder para que no se exceda en contra de los derechos de los ciudadanos.

> Esta "mera libertad formal", es decir, la democracia, el derecho del pueblo para juzgar y destituir a su gobierno, es el único dispositivo conocido por el cual podemos intentar protegernos contra el uso indebido del poder político; es el control de los gobernantes por los gobernados. Y dado que el poder político puede controlar el poder económico, la democracia política también es el único medio para el control del poder económico por los gobernados. Sin control democrático, no puede haber ninguna razón terrenal por la que cualquier gobierno no deba usar su poder político y económico para fines muy distintos de la protección de la libertad de sus ciudadanos (Popper, 1971: 326).

La concepción de la democracia de Popper expresa, más que una precisión sobre la misma, un profundo rechazo hacia cualquier forma de tiranía, insistiendo en que son los ciudadanos los que deciden sobre la continuidad de sus gobernantes, y si estos no trabajan en función de preservar las instituciones, respetando el legítimo derecho de las minorías a tener su propio espacio político, eso entonces no es más que una tiranía.

> La democracia no puede caracterizarse plenamente como la regla de la mayoría, aunque la institución de las elecciones generales es más importante... En una democracia, los poderes de los gobernantes deben ser limitados; y el criterio de una democracia es esto: en una democracia, los gobernantes —es decir, el gobierno— pueden ser despedidos por los gobernados sin derramamiento de sangre. Así, si los hombres en el poder no salvaguardan las instituciones que aseguren a la minoría la posibilidad de trabajar para un cambio pacífico, entonces su gobierno es una tiranía (Popper, 1971: 358).

Popper reconoce que no es suficiente con la democracia electoral, que es necesario reforzar el hecho de que la potestad la tienen los ciudadanos para decidir no solamente quiénes pueden gobernar sino hasta cuándo. En ello es insistente en sus planteamientos en torno a la democracia.

La democracia en el pensamiento político de la posmodernidad

Dos extravagancias: excluir la razón, admitir sólo la razón.

BLAS PASCAL

La posmodernidad

La posmodernidad se presenta como una realidad fragmentada, resultando poco menos que imposible plantearse una mirada integral del pensamiento posmoderno. Para hablar de posmodernidad hay que despojarse de toda aspiración a encontrar un campo de ideas homogéneo, pues son varias las vertientes que podemos hallar dentro de la perspectiva posmoderna. Por una parte, están quienes continúan la línea de pensamiento de Nietzsche: Foucault y Deleuze; luego están los seguidores de Kant: Wittgenstein y Lyotard; también los que continúan el pensamiento de Heidegger: Derrida y Vattimo; los pragmáticos: James y Rorty; los seguidores de Marx y Freud, entre quienes se encuentran: Marcuse y Baudrillard. Incluso, hay autores que no se consideraban posmodernos, como Foucault, Deleuze, Derrida y Baudrillard; mientras que a los de la Escuela de Fráncfort, Adorno, Horkheimer y Benjamin, seguidores de Marx, Rojas Osorio los ubica como una transición hacia la posmodernidad; de manera que los que critican a la modernidad a sabiendas de que no pueden ignorar sus contribuciones son lo que el autor denomina *tardomodernos*: Foucault, Deleuze y Negri [quien se denomina "antimoderno"] (Rojas O., 2003: 36).

En este sentido, la reflexión de Touraine resulta pertinente para señalar el espíritu que encarna la posmodernidad:

> La cultura que se podría llamar *posmoderna* (si esta palabra actualmente no sirviera para designar un conjunto de ideas más delimitado) no presenta un principio central detectable; dicha cultura asocia orientaciones contrarias que parecen marchar cada una por su lado… Sin embargo, detrás de este caleidoscopio cultural se puede descubrir la unidad de un proceso: la descomposición de la modernidad (Touraine, 2002: 97).

En otra reflexión, Touraine (2001: 33) habla de la desmodernización, definiéndola como "la ruptura de los vínculos que unen la libertad personal y la eficacia colectiva". Al afirmar esto, Touraine señala la erosión de las relaciones sobre las cuales se construyó la sociedad moderna: el modelo social, político, económico y cultural que se está desintegrando. Otro autor que hace referencia a esta ruptura es Beck, quien considera que mientras más se avanza en el proceso modernizador de la sociedad más se profundiza en el deterioro de las bases de la sociedad industrial, señalando que "quien concibe la modernización como un proceso autónomo de innovación debe tener en cuenta su deterioro, cuyo reverso es el surgimiento de la sociedad del riesgo". El planteamiento de Beck considera que dentro del proceso de desarrollo de la sociedad moderna ocurre un cambio en la producción de riesgos políticos, ecológicos e individuales que las instituciones de la sociedad industrial no pueden controlar, definiendo la "modernización reflexiva" como la autoconfrontación con las consecuencias de la sociedad del riesgo que no son susceptibles de cuantificación ni asimilación por el entramado institucional de la sociedad industrial (Beck, 1996: 203).

En el pensamiento político que sucede al de la modernidad, Von Beyme identifica unos rasgos comunes en la teoría política: a) la desustancialización del poder; b) la radicalización de la crítica a la tecnocracia; c) la intensificación del concepto del pluralismo; d) el fin de la teoría de la revolución; e) la revalorización de las minorías y crítica del principio de mayoría y f) el fin de las teorías de legitimación (Von Beyme: 182).

Queda claro, sí, en la mayoría de los autores considerados posmodernos, que la fuerza de la crítica de la modernidad radica en la necesidad de superación de los supuestos que la caracterizaron, en su agotamiento, así como en la necesidad de construcción de una nueva conciencia. Es imprescindible, para que emerja un nuevo modelo de concepción del entendimiento, de la vida y de las relaciones, que desaparezca el orden caduco. Tal como lo expresa Wolin: "para que una nueva identidad tome lugar, el entendimiento previo debe ser reprimido, redefinido o superado"[10] (Wolin, 2004: 393). La complejidad de la realidad social del hombre moderno lo coloca en una fuerte lucha con el orden que fue, en su momento, el que desplazó al viejo orden ya obsoleto.

Independientemente de que se trate de la destrucción creadora de Schumpeter (citado por Touraine, 2002: 94) o de la creación destructiva (Wolin, 2004: 400), lo cierto es que

---

10 For a new identity to take hold, an existing understanding has to be repressed, redefined, or overcome (Wolin, 2004: 393). Traducción propia.

existe la necesidad de sustituir la forma de concebir el conocimiento y de usarlo. Para Touraine, se trata de desarrollar una noción crítica antes que constructiva, mientras que, para la Escuela de Fráncfort, se trata del eclipse de la razón objetiva (Touraine, 2002: 94), y en Foucault el problema radica en la modernidad controladora (Touraine, 2002: 97).

En la modernidad clásica ocurre una fragmentación y ese parcelamiento será uno de los factores que contribuirían a su debilitamiento. Las fuerzas que se resisten a la modernidad son: el espiritualismo cristiano (sexualidad), la economía del consumo (consumo), la organización de la producción (empresa) y las luchas sociales y nacionales (nación) (Touraine, 2002: 98).

Llegado a este punto de la reflexión, se introduce la definición de posmodernidad, a la que Lyotard se refiere como:

> ... el estado de la cultura después de las transformaciones que han afectado a las reglas de juego de la ciencia, de la literatura y de las artes a partir del siglo XIX. Aquí se situarán esas transformaciones con relación a la crisis de los relatos (Lyotard, 1994: 9).

Más adelante, Lyotard se refiere al escenario en que la forma de construcción del conocimiento entra en conflicto con sus pretensiones de legitimidad, en donde las interpretaciones son juzgadas, perdiendo credibilidad, debilitándose así lo que fuera el pilar fundamental de la modernidad:

> En origen, la ciencia está en conflicto con los relatos. Medidos por sus propios criterios, la mayor parte de los relatos se revelan fábulas. Pero, en tanto que la ciencia no se reduce a enunciar regularidades útiles y busca lo verdadero, debe legitimar sus reglas

de juego. Es entonces cuando mantiene sobre su propio estatuto un discurso de legitimación, y se la llama filosofía. Cuando ese metadiscurso recurre explícitamente a tal o tal otro gran relato, como la dialéctica del Espíritu, la hermenéutica del sentido, la emancipación del sujeto razonante o trabajador, se decide llamar "moderna" a la ciencia que se refiere a ellos para legitimarse (Lyotard, 1994: 9).

El ambiente de cuestionamiento, de duda con respecto a la forma en que el conocimiento y la ciencia han sido interpretados, disputa la manera de comprender las ideas y pone en tela de juicio la verdad y la certeza, porque las formas de llegar a ellas pierden vigencia.

Simplificando al máximo, se tiene por "posmoderna" la incredulidad con respecto a los metarrelatos. Esta es, sin duda, un efecto del progreso de las ciencias; pero ese progreso, a su vez, la presupone. Al desuso del dispositivo metanarrativo de legitimación corresponde especialmente la crisis de la filosofía metafísica, y la de la institución universitaria que dependía de ella. La función narrativa pierde sus functores, el gran héroe, los grandes peligros, los grandes periplos y el gran propósito (Lyotard, 1994: 9).

La posmodernidad hace referencia al ambiente de cuestionamiento del orden prevaleciente —*modernidad*— lo que conduce al debilitamiento de su estructura dogmática, en la que se hace difícil el consenso de los metarrelatos (Collado, 2001: 81).

Ya se ha dicho, el rasgo más llamativo del saber científico posmoderno es la inmanencia en sí misma, pero explícita, del discurso

acerca de las reglas que le dan validez. Lo que ha podido pasar a
fines del siglo XIX por pérdida de legitimidad y caída en el "pragmatismo" filosófico o en el positivismo lógico no ha sido más que
un episodio, del cual el saber surge por la inclusión en el discurso científico del discurso acerca de la validez de enunciados con
valor de leyes. Esta inclusión no es una operación sencilla, ya se
ha visto, da lugar a "paradojas" asumidas como eminentemente
serias, y a "limitaciones" del alcance del saber que, de hecho, son
modificaciones de su naturaleza (Lyotard, 1994: 100).

Cuando ya no es posible el sometimiento a la interpretación única del poder, toda la base de pensamiento es puesta en
duda y se reproducen otras formas de aproximación al uso del
poder. En las sociedades posmodernas el poder descansa, entre
otros, en el dominio de un lenguaje con aspiraciones universales: *las tecnologías de información y comunicación.*

Se trata de la superación de una concepción de la sociedad fundamentada en verdades con garantía por una forma
de reproducción del conocimiento que resulta débil ante el
impacto que generan otras formas de creación que se van
imponiendo por el escepticismo existente. En lugar de manifestar una suerte de nostalgia, de la que habla Lyotard (2001),
la posmodernidad se recrea en la audacia de la novedad, en
aquello que carece de reglas preconcebidas, de prejuicios y de
categorías anteriores a su existencia o producción.

En el fondo, la posmodernidad también se presenta en tono tremendista, como bien lo señala Lipovetsky: "El
marasmo postmoderno es el resultado de la hipertrofia de
una cultura cuyo objetivo es la negación de cualquier orden
estable" (1994: 83). Para Lipovetsky, el posmodernismo representa la democratización del hedonismo, la consagración de

lo novedoso, el triunfo de lo contradictorio y la unión de los valores de lo artístico y lo cotidiano (1994: 105).

En otra perspectiva, Marc Augé desarrolla el concepto de sobremodernidad, y el centro de su propuesta lo constituye la idea del exceso, una supermodernidad que se explica por la abundancia de tiempo, por los acontecimientos que inundan la vida del individuo; luego por la reducción de las fronteras y la ampliación de los espacios ocupados, por lo que el mundo se nos hace más pequeño y seguidamente, por la irrupción del ego, por la excesiva individualización, tiene lugar el retorno del sujeto como centro de la vida.

> La sobremodernidad (que procede simultáneamente de las tres figuras del exceso que son la superabundancia de acontecimientos, la superabundancia espacial y la individualización de las referencias) encuentra naturalmente su expresión completa en los no lugares (Augé, 2000: 112).

La idea de la sobremodernidad está envuelta por la idea del exceso, que se produce en cada una de las facetas de la vida cotidiana interactuando entre sí. Las comunicaciones han acercado a los individuos, pero esa cercanía, lejos de ser física, llega a convertirse en una especie de escudo. Hay sobreexposición a lo noticioso, a los acontecimientos, de los cuales la mayoría de los individuos son espectadores silentes. Augé caracteriza el individualismo de la sobremodernidad como pasivo, porque se encuentra asociado a la conducta del consumo: el consumo de información, de bienes y servicios, lejos del individualismo del pasado moderno.

La situación sobremoderna amplía y diversifica el movimiento de la modernidad; es signo de una lógica del exceso y, por mi parte, estaría tentado a mesurarla a partir de tres excesos: el exceso de información, el exceso de imágenes y el exceso de individualismo, por lo demás, cada uno de estos excesos está vinculado a los otros dos (Augé, 2009: 6).

La democracia vista por la posmodernidad

"Las revoluciones políticas modernas, ya sean democráticas o comunistas, parecieran perder su dinámica una vez que tienen éxito"[11] (Wolin, 2004: 400). La democracia, en esencia, reivindica el ejercicio del poder por el pueblo, pero que, por razones pragmáticas, debe ser desplazado por una representación que ha de tomar las decisiones en consecuencia, para hacerla viable como metodología de vida. Si consideramos a la democracia como un modelo de influencia social, por su realidad inmediata, habría dejado atrás sus raíces.

La democracia ha sacrificado lo que en principio ha sido su gran virtud: la inclusión de todos los sectores, por la formación de élites en el poder que garanticen la consecución de objetivos que en un principio representaban a todos, pero que pronto se distanciarían de las mayorías para hacerse de un espacio de comodidad en el que se excluyen las amenazas de sustitución del poder hegemónico que representan. En consecuencia, la democracia es concebida como una fórmula que impone comportamientos a los actores fundamentales:

---

11   ... modern political revolutions, whether democratic or communist, seem to lose their dynamic once they succeed (Wolin, 2004: 400). Traducción propia.

partidos y dirigentes políticos, manejándose según procedimientos dirigidos a determinados *targets* en la sociedad, es decir, es un producto mercadeable que organizaciones políticas y líderes introducen en un mercado altamente *competido* —que no necesariamente *competitivo*— pues, los actores llegan a diferenciarse tan poco que no resultan nada amplias las diferencias entre ellos, pero sí la oferta de los mismos. Aquellos actores que identifican las expectativas sociales y responden a ellas consiguen insertarse en ese complejo mercado político, logrando dominio de aquellos sectores que consideran fundamentales para el logro de sus intereses: el mantenimiento de su estatus.

La democracia representativa, como valor irrenunciable, se hizo indispensable para la validación de las formas políticas, de manera que toda oferta para gozar de aceptación debía pasar por su identificación con el modelo representativo, siendo este adjetivo la garantía de su compromiso con la democracia.

Por otra parte, la fórmula política de la democracia de esta época involucra el dominio del lenguaje y la imagen como reflejo de la capacidad simbólica del hombre a la que hace referencia Sartori (2008), en la que las formas no requieren interpretación alguna y, facilitada por el mundo de *realidad virtual* en el que se está inmerso, la información es fundamentalmente visual, tanto que la *imagen* absorbe a la *palabra*.

En tal sentido, la cultura hace una distinción entre aquellos que usan los medios para la expresión del lenguaje —la virtualidad— y aquellos que no. Ello representa una ventaja, porque reduce ampliamente el espectro al que se quiere influir y en cierta forma el esfuerzo que está asociado a ello, significando una desventaja para los que resultan excluidos del reparto.

Del mismo modo resulta la democracia una condición bajo la que se han amparado expresiones que no representan el poder del pueblo o su voluntad, pero que, por las formas que adoptan, sugieren la identificación con el modelo democrático, ocupando espacios con total legitimidad, porque en apariencia "lucen" de acuerdo con los estándares reconocidos.

Puede ser audaz pensar que la llamada crisis de la democracia no sea tal crisis, sino el reflejo del deterioro de un sistema de poder que ha cargado con la pesada responsabilidad de ser el modelo ideal, pero que en el fondo no resulta ser más que una utopía, presente en el criterio de Aristóteles bajo la forma de gobierno impuro.

> El análisis cumplido por Tocqueville hace cien años se ha cumplido plenamente. Bajo el monopolio privado de la cultura acontece realmente que "la tiranía deja libre el cuerpo y embiste directamente contra el alma. El amo no dice más: debes pensar como yo o morir. Dice: eres libre de no pensar como yo, tu vida, tus bienes, todo te será dejado, pero a partir de este momento eres un intruso entre nosotros". Quien no se adapta resulta víctima de la impotencia espiritual del aislado. Excluido de la industria, es fácil convencerlo de su insuficiencia (Adorno, 1985: 192).

El hombre debe vivir en democracia para así corresponder con lo que es un supuesto de su tiempo; esa es la metodología de vida que le corresponde, pero no es cualquier democracia, sino aquella fórmula que asegura la protección de determinados intereses, los de las élites en el poder. Eso permite comprender la transición hacia una democracia que ha ido sumando instrumentos para garantizar dicho *estatus*. El progreso llega a medirse por la velocidad en que evolucionan las tecnologías y su uso, dejando a un lado la capacidad del individuo de procesar la realidad que lo rodea, perdiendo en buena medida su sentido de abstracción, porque el *sistema* lo anula, pues piensa y escoge por el individuo. El lenguaje abstracto (conceptual) es sustituido por el lenguaje perceptivo (concreto), por lo que la imagen lo es todo, porque representa poder, por eso la imagen llega a ser el objeto de toda transacción política. El sistema llega a convertirse en una videocracia, en opinión de Sartori (2008), cuando a través de los mecanismos del cibermundo es como se desenvuelven los individuos que tienen el control de las decisiones, desarrollándose una alta dependencia de los sondeos de opinión, que orientan las respuestas del sistema a las demandas. La información se desfigura, porque el medio de alguna forma influye en ella, bien sea porque se produce subinformación, cuando esta se reduce según sean los intereses, o se desinforma, en el caso que sea una distorsión de esta, lo que genera información incompleta que no facilita la toma de decisiones en forma adecuada, resultando altamente perjudicial a los efectos de la formulación de políticas públicas, lo que a su vez tiene un efecto indiscutible en la percepción del sistema político. La democracia en este contexto luce disminuida, debilitada por ser la promesa, la oferta que no llega a concretarse, sobre la cual se constituye un entramado institucional que no termina de convencer a todos de manera similar, porque llega a ser incapaz de complacer a todos los sectores con los mismos niveles de eficiencia. La incapacidad de la democracia para cubrir todos los frentes estimula en sectores sociales amplios reclamos de igualdad y justicia social que en apariencia son identificados gracias a las capacidades de acceso a la población, que en todos los casos no son igualmente eficientes.

El problema es que la democracia representativa ya no nos satisface, y por ello reclamamos "más democracia", lo que quiere decir, en concreto, dosis crecientes de directismo, de democracia directa. Y así, dos profetillas del momento, los Toffler, teorizan en su "tercera ola" sobre una democracia semidirecta. De modo que los referendos están aumentando y se convocan cada vez más a menudo, e incluso el gobierno de los sondeos acaba siendo, de hecho, una acción directa, un directismo, una presión desde abajo que interfiere profundamente en el *problemsolving*, en la solución de los problemas. Esta representará una mayor democracia. Pero para serlo realmente, a cada incremento de demo-poder debería corresponderle un incremento de demo-saber. De otro modo la democracia se convierte en un sistema de gobierno en el que son los más incompetentes los que deciden. Es decir, un sistema de gobierno suicida (Sartori, 2008: 128).

Lo que expresa Sartori permite comprender que si bien la democracia es imperfecta y no siempre resuelve las expectativas de la sociedad, no es menos cierto que es la expresión más cercana de conducción política con la que se identifican los individuos, por su capacidad para representar amplios sectores; sin embargo, su principal debilidad radica precisamente en esa inconsistencia en relación con la eficacia de la representación, pues los instrumentos con los que cuenta tienden a reforzar el orden de privilegios existente.

En una mirada algo pesimista, Lipovetsky (2008) advierte que la noción de democracia está acompañada de decepción, de un desencanto, de un escepticismo que tiene que ver con la incapacidad de la clase política de cumplir con sus promesas, porque les han dado prioridad a sus intereses particulares, lejos de aquellos que los llevaron al poder, pero además: la democracia, al vencer la amenaza comunista y los nacionalismos, se quedó sin mayores desafíos. Sin embargo, como bien lo señala: "Paradoja de la época: cuanto más crece la decepción, más se consolida la adhesión masiva a los valores democráticos. La queremos, pero sin pasión. Y la queremos sobre todo cuando tenemos la sensación de que está en peligro" (Lipovetsky, 2008: 80), porque no deja de ser la mejor opción con que se cuenta.

Por otra parte, Badiou considera que la democracia se comporta desde dos perspectivas, como un sistema institucional, que encarna un conjunto de responsabilidades y como un sistema instrumental para el ejercicio de determinados derechos. En este sentido, Badiou plantea que la democracia es una forma de emancipación, donde el individuo se coloca al frente de las acciones, aun cuando está claro su carácter instrumental, al encarnar un vehículo para la creación de condiciones que permitan una convivencia mínima.

En esta concepción, "democracia" es en realidad el nombre de dos cosas completamente diferentes. En primer lugar es, como Lenin ha dicho, una forma de Estado, el Estado democrático, con elecciones, diputados, gobierno constitucional y así sucesivamente. Y, en segundo lugar, es una forma de acción de masas: es la democracia popular o activa, con grandes reuniones, manifestaciones, disturbios, insurrecciones y así sucesivamente. En el primer sentido, la democracia no tiene ninguna relación directa con la política revolucionaria o con la justicia. En el segundo sentido, la democracia no es una norma o un objetivo. Es un medio, un medio popular para la presencia activa en el ámbito político. La democracia no es la verdad política, sino uno de los medios de encontrar la verdad política[12] (Badiou, 2006: 4).

La democracia es, desde esta perspectiva, un instrumento, un medio para la materialización del poder que muy bien puede soportar las etiquetas de cualquier signo, ya sea de la ideología con sello liberal o de izquierda. De manera que el tema del desencanto de la democracia pareciera que tiene más que ver con la eficiencia de esta que con su conexión ideológica; si no, ¿cómo se explica que, en algunos países como España y Francia (2012), los gobiernos de izquierda y derecha fueron sustituidos por sus opuestos?

12   In this conception, "democracy" is in fact the name for two completely different things. It is first, as Lenin has said a form of State, the democratic State, with elections, deputies, constitutional government and so on. And secondly, it is a form of mass action: it is popular or active democracy, with great meetings, demonstrations, riots, insurrections and so on. In the first sense, democracy has no direct relation to revolutionary politics or with justice. In the second sense, democracy is not a norm or a goal. It is a means, a means for popular active presence in the political field. Democracy is not the political truth, but one of the means to find the political truth.

Crisis de la democracia: ¿en el umbral de la posdemocracia?

Wolin, al introducir el contraste entre el capital y la democracia, se pregunta en cuanto a la crisis de la relación entre la política de las corporaciones y la política democrática, a qué se refiere con la noción de crisis y señala que "… quizás la razón por la que el sentido de urgencia aparece ausente es que la ubicación de la crisis se ha buscado en los lugares equivocados"[13]. Wolin cree que el error fue suponer que era posible la compatibilidad entre el capitalismo y la democracia, y que habrían de evolucionar para permitir la unión entre la cultura del trabajador y su cultura cívica; por lo que afirma que Marx estaba en lo cierto, solo que parcialmente, pues el capitalismo no solamente desfigura al trabajador sino que distorsiona su condición de ciudadano, porque las premisas del gran capital operan como factor de estímulo de conductas individualistas, acentuando rasgos personalistas que se distancian de valores como la búsqueda del bien común (Wolin, 2004: 597).

---

13   ... perhaps the reason why a sense of urgency seems lacking is that the location of crisis has been sought in the wrong places (Wolin, 2004: 596). Traducción propia.

El problema de la democracia, según Wolin, es que cae en las redes corporativas, en sectores organizados que representan los intereses de grupos que son protegidos por encima del pueblo. De una relación desigual, no puede menos que producirse la *desafiliación,* que no es solo un rasgo del Estado posdemocrático sino posrrepresentativo (Wolin, 2004: 601). Wolin considera que la democracia [en referencia a la de los Estados Unidos] es efímera, en lugar de representar un sistema estable; prefiere denominarla *democracia fugitiva* para acentuar su naturaleza esporádica, relacionándola directamente con la noción aristotélica. Por ello resulta mucho más conveniente hablar de *formas* de democracia en lugar de una sola, pues es esa multiplicidad la que deviene en política antitotalitaria (Wolin, 2004: 603). Para Wolin, las posibilidades democráticas dependen de la combinación del localismo tradicional y la descentralización posmoderna[14].

La democracia como expresión de la organización del poder político ha sido vista por la teoría política contemporánea como una referencia de las sociedades modernas; sin embargo, esa noción se encuentra bajo observación. Para Dahrendorf, no hay duda de que la democracia que se reconoce como expresión del Estado liberal es sujeto de serios cuestionamientos que hacen necesario repensar su concepción.

> Yo diría que ya hemos entrado en una fase que podría definirse como "la postdemocracia", pero que esto no nos exime de trabajar en la construcción de una "nueva democracia", sino que más bien nos obliga a ello (Dahrendorf, 2002: 8).

---

14   Democratic possibilities depend upon combining traditional localism and postmodern centrifugalism (Wolin, 2004: 604). Traducción propia.

Dahrendorf considera que la democracia descansa en buena medida en la capacidad de los pueblos de construir la institucionalidad democrática, señalando, además: "Pero sigo convencido de que la crisis actual de la democracia es sobre todo una crisis de control y de legitimidad frente a los nuevos desarrollos económicos y políticos" (Dahrendorf, 2002: 11). La necesidad de redefinir la democracia requiere la búsqueda de nuevas formas de conducir el proceso de gobierno, de toma de decisiones y de cambio en las modalidades de ejercicio del poder que, traducidas como posdemocracia, comprenden la... "época sucesiva a la democracia clásica..." (2002: 133).

El método democrático es el sustituto funcional del uso de la fuerza para la solución de los conflictos sociales (Bobbio, 1985: 12). El planteamiento de Bobbio sobre los tres estadios del Estado: naturaleza, de derecho y democrático, pudiese aportar algunas señales para la comprensión de la crisis de la democracia, debido a las motivaciones que incidieron en su evolución de una etapa a otra. Para Bobbio, las amenazas a la democracia vienen de su propio seno, a saber: la ingobernabilidad, la privatización de los espacios públicos y el poder oculto (1985: 14).

En el *Reporte sobre la gobernabilidad de la democracia*, elaborado para la Comisión Trilateral, se encontraron elementos que apuntaban al debilitamiento de la democracia en términos del agotamiento de su lucha, ya no contra los nacionalismos o por la religión o la ideología; se trata de que cuando el propósito común desaparece, la democracia se debilita, pierde su impulso: "El sistema se convierte en una democracia anómica en el que la política democrática se convierte más en una arena para la afirmación de intereses en conflicto que en un proceso para la construcción de propósitos comunes"[15]. Las disfunciones de la democracia, según concluye el reporte, se refieren a la deslegitimación de la autoridad, la sobrecarga del gobierno, la desagregación de intereses y el parroquialismo en el manejo de las relaciones internacionales como los factores que debilitan la democracia (Crozier, Huntington, Watanuki, 1975: 161).

En Habermas, al igual que en otros autores que se han señalado, las dificultades de la democracia, los problemas de su estabilidad no deben buscarse fuera de su institucionalidad, pues es en ella misma donde se encuentran las causas de su propia disfunción.

> En la estética clásica, desde Aristóteles hasta Hegel, la crisis designa el punto de inflexión de un proceso fatal, fijado por el destino, que pese a su objetividad no sobreviene simplemente desde fuera ni permanece exterior a la identidad de las personas aprisionadas en él (Habermas, 1999: 20).

En relación con la noción de crisis, Habermas hace uso del enfoque sistémico para precisar que ella alude a la incapacidad de los sistemas de sociedad (sistema de sistemas sociales, integrados por sistemas socioculturales y políticos), que trae como resultado que la democracia no encuentre formas asertivas de responder a las demandas que se le efectúan, afectando su equilibrio interno. Para Habermas: "Las crisis surgen cuando la estructura de un sistema de sociedad admite menos posibilidades de resolver problemas que las requeridas para su conservación. En este sentido, las crisis son perturbaciones que

---

15   The system becomes one of anomic democracy, in which democratic politics becomes more an arena for the assertion of conflicting interests than a process for the building of common purposes. Traducción propia.

atacan la *integración sistémica*" (1999: 21). Cuando se produce una situación de tal naturaleza, el sistema tiende a colapsar, no pudiendo cumplir con el proceso sistémico, pues entre la sobredemanda y la incapacidad de respuesta el desequilibrio genera conmoción en sus estados internos.

Ahora bien, no necesariamente los cambios que experimentan los sistemas conducen inevitablemente a una crisis: "Solo cuando los miembros de la sociedad experimentan los cambios de estructura como críticos para el patrimonio sistémico y sienten amenazada su identidad social, podemos hablar de crisis". En realidad, las crisis pueden ser vistas cuando el cambio amenaza la integración social, cuando las estructuras normativas se ven afectadas, pudiendo conducir a la anomia social. "Los estados de crisis se presentan como una desintegración de las instituciones sociales" (Habermas, 1999: 23).

Es oportuno incorporar el planteamiento que sobre la *crisis* hiciera Koselleck, quien la recordaba en su acepción heredada de la antigua Grecia, como *separar, escoger, enjuiciar, decidir; en voz media, medirse, luchar, combatir* (2007: 241).

> Aplicado a la historia, "crisis" es expresión, desde aproximadamente 1780, de una nueva experiencia del tiempo, factor e indicador de una ruptura epocal que, en realidad, medida con el creciente uso del término, aun tendría que haberse intensificado. Pero la expresión continúa siendo tan multiestratificada y oscura como las emociones que dependen de ella. La "crisis" puede, entendida como crónica, indicar "permanencia", como una transición a plazo más corto o largo, a mejor o peor, o hacia algo enteramente distinto; la "crisis" puede anunciar su retorno, como en economía, o convertirse en un modelo existencial de interpretación,

como en psicología o teología. La historia participa de todas las propuestas (Koselleck, 2007: 241).

La *crisis* es una suerte de invitación a repensar, a revisar aquello que ha dado lugar a una crítica subjetiva y que inevitablemente está ligado a una crisis objetiva, lo que para Koselleck no se puede separar. Pero de esa dinámica (crítica-crisis) debe surgir una nueva concepción sobre la realidad que se ha tornado agónica, debilitada en sus cimientos, amenazada en su fundación, porque esta ha quedado diluida en el tiempo por un proceso de desgaste que se va alimentando de las numerosas críticas que se van entrelazando para dibujar una misma impresión sobre la crisis. Al respecto, Koselleck señala: "Pero crisis significaba también 'decisión', en el sentido de la realización de un juicio y del enjuiciamiento, cosa que hoy pertenece al ámbito de la crítica" (2007: 242), precisamente porque era necesario reconocer lo que estaba descompuesto. Tiene sentido, según esto, pensar en la crisis como en una "ruptura *epocal*" en la que una transición ocurre hacia un nuevo estadio, una vez que la crítica ha dado lugar a una revisión que conduce a un desenlace, a una resolución.

Por otra parte, Gramsci define la crisis como la circunstancia en "... que muere lo viejo sin que pueda nacer lo nuevo, y en ese interregno ocurren los más diversos fenómenos morbosos", lo que conduce a pensar en la crisis como una especie de vacío, un espacio de tiempo que habiendo superado el orden precedente no logra la construcción de uno consecuente, bien sea por parálisis o incapacidad, agregamos. En ese vacío los procesos políticos y sociales ocurren en medio de la incertidumbre de no haber logrado llenarlo (1992: 313).

Resulta interesante incorporar a O'Donnell, quien hace el planteamiento de la democracia delegativa en los términos de un modelo que surge posteriormente a un régimen autoritario, cuya naturaleza, aunque democrática, no llega a constituirse en representativa propiamente.

> Las democracias delegativas se basan en la premisa de que la persona que gana la elección presidencial está autorizada a gobernar como él o ella crea conveniente, solo restringida por la cruda realidad de las relaciones de poder existentes y por la limitación constitucional del término de su mandato. El presidente es considerado la encarnación de la nación y el principal definidor y guardián de sus intereses. Las medidas de gobierno no necesitan guardar ningún parecido con las promesas de su campaña: ¿acaso no fue el presidente autorizado a gobernar como él creía mejor? (2004: 293).

Es una democracia con una caracterización alejada del ideal representativo propiamente, cuyo propósito es transferir al gobernante una facultad de mando que puede llegar a exceder lo que significa tradicionalmente la conducción política de una sociedad.

Por su parte, en el planteamiento de Levitzky y Way sobre los autoritarismos competitivos, se encuentra que hay un uso utilitario de las formas procedimentales de la democracia, como las elecciones, por ejemplo, en el que resulta frecuente el abuso y atropello a las formas elementales de comportamiento democrático.

> En los regímenes autoritarios competitivos las instituciones democráticas formales son ampliamente vistas como medios principales

para obtener y ejercer la autoridad política. Los funcionarios violan estas reglas con mucha frecuencia, hasta el punto de que el régimen no logra tener los estándares mínimos convencionales para la democracia (2004: 161).

Desde esta lectura, tanto la democracia delegativa como el autoritarismo competitivo reflejan la construcción de modelos de ejercicio político que, aun cuando incluyen prácticas ampliamente reconocidas como democráticas, las mismas no resultan ser suficientes para calificar como tales. ¿Es posible entonces pensar que también la incapacidad de madurar la democracia, de trascender el ejercicio autoritario del poder, sea una expresión de crisis de la democracia?

La noción de crisis se encuentra también en el planteamiento de Gauchet, al concebir como razonable el entender como crisis de la democracia cuando sectores de la sociedad se resisten a las instituciones tradicionales y procuran una salida alternativa, que puede verse reflejada en opciones extremas, como en el caso de algunos gobiernos totalitaristas que alcanzaron el poder por esta vía. Lo que es un elemento de coincidencia, cuando se trata de definir la crisis, es que la ausencia de enemigos externos hace de su noción algo mucho más complejo de precisar, dado que existe la convicción de que los problemas de la democracia se producen en su propio seno, coincidiendo con autores señalados. La crisis de la democracia puede verse como una crisis de crecimiento, pues lo que ocurre son un conjunto de transformaciones —crecimientos— que, al no producirse de forma orgánica, desencadenan una serie de profundos desequilibrios, afectando su desempeño (Gauchet, 2008: 14).

Guéhenno (2000) se pregunta si, ante la desintermediación política, estaremos frente a la decadencia definitiva del sistema democrático o frente al retorno de la democracia directa. Las condiciones actuales de la sociedad, inmersa en los cambios producto de la globalización, en donde la tecnología juega un papel predominante, llevan a Guéhenno a indagar sobre si lo que se avecina es una ruptura total con la noción de democracia que conocíamos o si, por el contrario, lo que se nos presenta es la posibilidad de hacer realidad la utopía democrática de la participación a través de los recursos tecnológicos de los que hoy disponemos. Esto puede resultar muy atractivo como discusión pero, según nos advierte el autor, esa percepción errada sobre la democracia —como mecanismo de control político o como expresión de la comunidad política— en el ámbito de la globalización no conduce a pensar que la democracia representativa pueda ser sustituida por una virtual, porque los valores de la democracia en tanto modelo de conducción política muestran una importante inclinación al intercambio y a la discusión que la intermediación tecnológica que sustituye a la de las organizaciones políticas no se encuentra en capacidad de preservar (2000: 59).

En esta misma dirección, Sartori se muestra escéptico ante la posibilidad de encarar la democracia mediante un modelo refrendario electrónico (1987b: 283) que, aun siendo posible técnicamente, tendría consecuencias desastrosas. El *directismo* que se plantea con el modelo refrendario suprime la noción de articulación que podemos encontrar en la misma formación de la opinión pública que encarna la democracia electoral, planteando la decisión en ausencia de la discusión (Sartori, 2009: 39-41).

El agotamiento de la democracia debe verse desde la perspectiva de un debilitamiento de su ejercicio, que no del sistema propiamente. Cuando la institucionalidad democrática hace a un lado sus intereses primarios para favorecer a aquellos que detentan el poder, la sociedad naturalmente toma distancia. En un ambiente de desconfianza o de desmotivación, la clase política hace uso de todos los mecanismos posibles para lograr la participación cívica, que en la *posdemocracia* puede ser entendida como manipulación massmediática fundamentalmente.

Eso configura un escenario donde la democracia está provista de condicionantes diferentes de los que la modernidad le había proporcionado. El debate se centra en establecer si la democracia sigue representando los principios democráticos o si, por el contrario, de lo que se trata es de la superación de la idea de la democracia representativa (liberal) para ser sustituida por otra forma de relación en la que los valores asociados a la democracia puedan desarrollarse, y no quedarse tan solo en una aspiración, es decir, la *posdemocracia*.

Esta concepción de la democracia puede ser vista como una consecuencia del debilitamiento de los mecanismos de la democracia tradicional, que son los factores de mayor influencia en la percepción de ineficiencia en la respuesta a las demandas de la sociedad. Es la inercia la que termina por desplazar el modelo de democracia tradicional de la modernidad, pero ¿es la *posdemocracia* su sustituto? La discusión actual tanto en los predios de la ciencia política como de la sociología y de la economía (PNUD, 2010) apunta en esta dirección, la de una redefinición de la democracia y sus mecanismos institucionales.

Por otra parte, Arendt no le concede muchas posibilidades a la democracia representativa, como lo expresa en *Sobre la violencia*, planteando con escepticismo el exiguo efecto de las propuestas no tradicionales —como las de la propia izquierda— para salirle al paso a la democracia representativa, sometida esta a una maquinaria partidista, o a las burocracias autoritarias que descartan la participación.

Por obra de una curiosa timidez en cuestiones teóricas, en curioso contraste con su valor en la práctica, el eslogan de la Nueva Izquierda ha permanecido en una fase declamatoria y ha sido invocado más que inarticuladamente contra la democracia representativa occidental (que se halla a punto de perder incluso su función simplemente representativa por obra de las maquinarias de los grandes partidos, que "representan" no a los afiliados sino a sus funcionarios) y contra las burocracias monopartidistas orientales que descartan la participación como principio (2006: 36).

Arendt señala, en *Los orígenes del totalitarismo* (2008), que la democracia fue despojada de falsas creencias que la rodeaban, al ser expuesta en su fragilidad pues, contrario a lo que se creía, el pueblo que participaba activamente en el gobierno no siempre era la mayoría, siendo que esta se encontraba representada por sectores de la población que se mostraban indiferentes al desarrollo de la conducción política, y que por tanto, la democracia podía perfectamente funcionar con un sector significativo que ignorara las reglas de juego y que erróneamente se pensaba que constituían una masa neutral.

El éxito de los movimientos totalitarios entre las masas significó el final de dos espejismos de los países gobernados democráticamente, en general, y de las naciones-estado europeas y de su sistema de partidos, en particular. El primero consistía en creer que el pueblo en su mayoría había tomado una parte activa en el gobierno y que cada individuo simpatizaba con su propio partido o con otro. Al contrario, los movimientos mostraron que las masas políticamente neutrales e indiferentes podían ser fácilmente mayoría en un país gobernado democráticamente; que, por eso, una democracia podía funcionar según normas activamente reconocidas solo por una minoría. El segundo espejismo democrático, explotado por los movimientos totalitarios, consistía en suponer que estas masas políticamente indiferentes no importaban, que eran verdaderamente neutrales y no constituían más que un fondo indiferenciado de la vida política de la nación (2008: 393).

Entonces, la noción de crisis es susceptible de ser objeto de múltiples miradas; es posible encontrar agotamiento, lo que deviene en incapacidad; también frustración, lo que acarrea decepción, y la más común de todas las miradas es la pérdida de legitimidad que inevitablemente conduce a la ingobernabilidad, por la dificultad de responder en un ambiente lleno de desconfianza. Una forma de ver la crisis es abordarla desde la naturaleza misma de la democracia y de sus promesas incumplidas, de la necesidad que tiene de recuperar el control perdido sin caer en la tentación de las salidas autoritarias. Recordando a Lipovetsky (2008), la democracia encierra una paradoja, pues no deja de ser la mejor opción de la que disponemos.

La discusión sobre la democracia como sistema político y modelo ideológico de las sociedades modernas nos remite al eterno debate sobre la democracia procedimental (nominal o formal) y la sustantiva (valores). Pareciera que es ahí donde radican buena parte de los problemas que asociamos con la crisis de la democracia. Una sociedad que no tenga como valores fundamentales aquellos que sustentan al ideal democrático difícilmente puede tener éxito como sistema político. Suficientes ejemplos tenemos de sociedades llamadas democráticas que periódicamente efectúan elecciones, pero que presentan un balance muy desfavorable cuando son evaluadas a través de indicadores que miden sus niveles de gobernabilidad.

La transición hacia la democracia, desde el ideario de una sociedad restringida, dominada por una visión teocéntrica, la refieren Laclau y Mouffe (2006) como una suerte de *revolución democrática* en la que hubo que operar un cambio de significados y referentes con la adopción de un conjunto de valores que hicieran posible superar el modelo de dominación existente —en el cual la desigualdad y las limitaciones a las libertades individuales eran consideradas sus principios fundamentales, dadas las exigencias de control social de la época—. Por eso es por lo que con la Revolución francesa (1789) se inicia un período de movilización estimulado por la emergencia de una nueva concepción filosófica que desplaza a la tradicional. La revolución democrática, que comienza con la Revolución francesa, define una nueva legitimidad como su primera experiencia: la cultura democrática. El discurso democrático se presenta como subversivo al denunciar la opresión del antiguo régimen, a lo que responde esta nueva cultura democrática. Al respecto, Laclau y Mouffe señalan lo siguiente:

> Pero, para poder ser movilizado de tal modo, era preciso primero que el principio democrático de libertad e igualdad se hubiera impuesto como nueva matriz del imaginario social —en nuestra terminología: que hubiera pasado a constituir un punto nodal fundamental en la construcción de lo político [...] Es para designar a esta mutación que, tomando una expresión de Tocqueville, hablaremos de "revolución democrática". Con ella designaremos el fin del tipo de sociedad jerárquica y desigualitaria, regida por una lógica teológico-política, en la que el orden social encontraba

su fundamento en la voluntad divina. El cuerpo social era concebido como un todo en el que los individuos aparecían fijados a posiciones diferenciales (2006: 197).

La superación de este modelo tiene lugar a partir de la "democratización" del liberalismo político en el que la democracia influye sobre el modelo de pensamiento liberal, lo que permite alcanzar una articulación entre los valores más importantes de ambas concepciones filosóficas, llegando a convertirse la *ideología liberal-democrática en sentido común de las sociedades occidentales* (Laclau y Mouffe, 2006: 203). Esa unión entre los principios de igualdad (democracia) y libertad (liberalismo), reflejados en la unión entre la equidad y la autonomía, se expresa en el ejercicio de la libertad política y de la participación democrática, que hace crisis cuando es el propio liberalismo quien pone en peligro ese equilibrio al favorecer la defensa de la libertad individual ante la interferencia del Estado (2006: 221).

Para Mouffe, el desarrollo de la democracia debe superar la búsqueda de equilibrio entre libertad e igualdad, pues se trata de que la contradicción entre ambos principios contribuye a su fortalecimiento.

Tomar en serio el principio ético del liberalismo es afirmar que los individuos deberían tener la posibilidad de organizarse la vida como lo deseen, de escoger sus propios fines y de realizarlos como mejor les parezca. En otras palabras, es reconocer que el pluralismo es constitutivo de la democracia moderna. En consecuencia, es preciso abandonar la idea de un consenso perfecto, de una armoniosa voluntad colectiva, y aceptar la preeminencia de conflictos y antagonismos. Una vez descartada la posibilidad de lograr la homogeneidad, resulta evidente la necesidad de las instituciones liberales (1999: 146).

Una lectura desde la perspectiva latinoamericana sobre la democracia y su crisis la ofrece Santos (2004: 9) cuando plantea la discusión desde la noción del contrato social como un instrumento que contiene su propia limitación, debido a que en la medida en que se necesita de la subordinación a la voluntad general para garantizar la equidad, en esa medida se produce una limitación a la libertad misma, en lo que destaca, además, la dependencia de la democracia para superar sus debilidades en el desarrollo de su capacidad redistributiva:

> Del mismo modo que la ciudadanía se configuró desde el trabajo, la democracia estuvo desde el principio ligada a la socialización de la economía. La tensión entre capitalismo y democracia es, en este sentido, constitutiva del Estado moderno, y la legitimidad de este Estado siempre estuvo vinculada al modo, más o menos equilibrado, en que resolvió esa tensión [...]. Su grado máximo de legitimidad resulta de la conversión, siempre problemática, de la tensión entre democracia y capitalismo en un círculo virtuoso en el que cada uno prospera aparentemente en la medida en que ambos prosperan conjuntamente. En las sociedades capitalistas este grado máximo de legitimidad se alcanzó en los Estados de bienestar de Europa del norte y de Canadá [...]. Este paradigma social, político y cultural [el contrato social] viene, sin embargo, atravesando desde hace más de una década una gran turbulencia que afecta no ya solo a sus dispositivos operativos, sino a sus presupuestos; una turbulencia tan profunda que parece estar apuntando a un cambio de época, a una transición paradigmática (Santos, 2004: 7-9).

La discusión sobre la democracia se plantea, entonces, desde la lucha entre la visión hegemónica de la construcción y representación democrática elitista, y la contrahegemónica, de innovación social y construcción de una nueva institucionalidad, que se propone como alternativa latinoamericana a la visión eurocéntrica de la democracia desde una concepción participativa de la misma (Santos, 2005: 46).

Por su parte, Borón (2003: 148) atribuye la preocupación por la crisis de la democracia a la ampliación de derechos frente a los sectores privilegiados, en lo que representa a su vez un reto para la superación de las debilidades que el modelo económico capitalista le transfiere a la democracia:

> Si a esto se suma que el carácter expansivo de la democracia tiende a alienar la lealtad de los sectores burgueses —alarmados porque las luchas populares han transformado la ciudadanía formal y abstracta del Estado liberal en un atributo dotado de contenidos concretos y tangibles—, se podrán comprender muy fácilmente las razones por las que el Occidente conservador instaló en el centro de sus preocupaciones el tema de "la crisis de la democracia".
>
> [...]
>
> La tesis de este trabajo, en consecuencia, es que las frágiles democracias latinoamericanas solo podrán sobrevivir si tienen la audacia y la sabiduría suficientes como para promover un ambicioso programa de reformas sociales que modifiquen sustantivamente el funcionamiento del capitalismo periférico (Borón, 2003: 148, 183).

Esta es una discusión a la que se añade el debate planteado sobre la *demoeleuthería*, término introducido por Alonso y Alonso (2015: 60) en su abordaje del zapatismo chiapaneco, como una aproximación a la definición de la búsqueda de la libertad de los de abajo:

> Consideramos que a este impulso por la liberación desde abajo se le puede denominar *demoeleuthería,* que en el griego actual se diría *dimoelefthería* (Márkaris, 2012), pero que en el griego antiguo es *demoeleuthería,* e implicaría los términos *demos* (pueblo) y *eleuthería* (libertad): la libertad popular o de los de abajo. La *demoeleuthería* no es algo exclusivo ni rígido, sino procesual, y que combina otras dinámicas como esa democracia de los de abajo, esa búsqueda de la justicia, esa solidaridad con los que luchan por su liberación y por el respeto a la naturaleza (Alonso y Alonso, 2015: 60).

En estas tres lecturas hay un eje común en la articulación que hacen del modelo político (democracia) que se desarrolla paralelamente al modelo económico (capitalismo), y cómo los efectos de la subordinación de uno al otro condicionan la viabilidad democrática, lo que deriva en un planteamiento que Santos concibe como una transición paradigmática, mientras que Borón advierte que el camino a seguir es el reformista (reforma económica), al tiempo que Alonso y Alonso lo interpretan como el rescate de la noción de libertad desde las bases mismas de la sociedad.

Es posible pensar la crisis como un malestar producto de lo irreconciliable de dos visiones de la política que, por razones históricas, se vieron en la necesidad de coincidir para enfrentar amenazas mayores. A decir de Sartori, la democracia ha sido el medio y el liberalismo el fin; en el siglo XIX prevaleció el elemento liberal mientras que en el siglo XX el péndulo giró hacia el democrático (Sartori, 1987b: 386).

Esto significa, en términos llanos, que, junto con la desaparición de la democracia liberal, la democracia también muere, sin tener en cuenta si nos estamos refiriendo a ella en su forma moderna o en su forma antigua, si es una democracia basada en la libertad de la persona o una que sólo requiere que el poder sea ejercido por el pleno del colectivo[16] (Sartori, 1987b: 393).

Hoy las dos hebras de la democracia liberal, entrelazadas en el tejido político occidental, se están separando en el resto del mundo. La democracia está floreciendo; el liberalismo constitucional no[17] (Zakaria, 1997: 22). La crisis de la democracia representativa pudiera entonces encontrarse en la relación desequilibrada que señala Zakaria, conforme a la cual el liberalismo constitucional ha conducido a la democracia, pero la democracia no parece aportar liberalismo constitucional[18] (Zakaria, 1997: 28).

... el hedonismo junto con la recesión económica crea una frustración de los deseos que el sistema apenas es capaz de reducir, y que puede formular soluciones extremistas y terroristas y llevar a la caída de las democracias (Lipovetsky, 1994: 128).

En este escenario, los instrumentos de la democracia se debilitan y por ende el poder, haciéndose ingobernable,

---

16   This means, in plain terms, that together with the demise of liberal democracy, democracy dies too –regardless of whether we are referring to it in its modern or in its ancient form, whether it is a democracy based on freedom of the individual or one that only requires that power be exercised by the collective *plenum* (Sartori, 1987b: 393).
17   Today the two strands of liberal democracy, interwoven in the Western political fabric, are coming apart in the rest of the world. Democracy is flourishing; constitutional liberalism is not.
18   Constitutional liberalism has led to democracy, but democracy does not seem to bring constitutional liberalism.

precipitando la necesidad de una figura autoritaria que recomponga la relación Estado-sociedad y regulando los espacios público y privado para que haya equilibrio en sus relaciones (Lipovetsky, 1994: 129). El hedonismo, como contradicción cultural del capitalismo, es un rasgo característico de la era posmoderna. El hombre se ha liberado de las ataduras dictadas por los valores considerados tradicionales para abandonarse en un culto que comienza por el consumo y termina por la individualidad. Una sociedad que privilegia lo material sobre lo espiritual naturalmente expresa egoísmo, es una sociedad *homocéntrica*, haciendo necesario preguntarse: ¿cómo se sostiene la democracia en ese contexto? (Lipovetsky: 129).

Sin embargo, Lipovetsky rechaza la idea de que el escenario anticipe el declive de la democracia; por el contrario, en esa práctica hedonista queda claro que desconfianza no hay hacia la democracia. Ello explica que la indiferencia hacia la participación electoral o en espacios decisorios no es más que la demostración de aceptación, aunque algo despreocupada, sin duda, de los procedimientos democráticos (Lipovetsky: 130).

La Guerra Fría fue el escenario en el cual la noción de democracia se tornó ambigua, pues para unos bastaba con argumentar su rechazo a las fórmulas de izquierda para considerarse una democracia, independientemente de los requerimientos institucionales; mientras que, para otros, el rechazo al capitalismo era suficiente para llamarse una república democrática (Hardt y Negri, 2004: 268).

Para Hardt y Negri, la crisis de la democracia debe verse, por una parte, desde la corrupción y la insuficiencia institucional que predomina en sus prácticas y, por la otra, en cuanto a su definición propiamente. En su reflexión, está claro que esta crisis está asociada al agotamiento mismo del modelo de la democracia moderna que, en el contexto globalizado, pierde sentido, más aún cuando factores que no están sujetos a control por parte del poder político, como el fundamentalismo o el terrorismo, someten a la democracia en aras de preservar la paz y el equilibrio mundial (2004: 268).

Hay dos vertientes o perspectivas a partir de las cuales podemos ver la globalización y su relación con la democracia. Están las posturas de izquierda en contra de la globalización, al considerarla como una amenaza para la democracia —*social-democracia*—, y las que están a favor: son las que consideran a la globalización una condición propicia para la democracia —*cosmopolita liberal*—. Mientras que las posturas conservadoras presentan la *hegemonía global estadounidense* como una opción válida para la expansión de la democracia, a diferencia de los *conservadores basados en valores tradicionales*, quienes se distancian de esa percepción, al dudar de la capacidad de la democracia estadounidense de exportarse (Hardt y Negri, 2004: 269-273).

El asunto, tal como lo plantean Hardt y Negri, es que la globalización y sus efectos representan una amenaza para la democracia, insistiendo en que el camino conduce hacia la necesidad de una redefinición de la democracia que ya una vez en la modernidad hubo que resolver y que, de nuevo, pero ahora ante el reto de la globalización, se hace necesaria (Hardt y Negri, 2004: 275).

La modernidad introdujo dos importantes innovaciones a la tradición democrática antigua: el carácter universal de la democracia (2004: 277) y la representatividad, como síntesis disyuntiva, al vincular al pueblo con el gobierno y, a su vez, separándolo (2004: 279).

Las grandes decisiones políticas hoy día obedecen a procesos mucho más complejos, porque implican la participación de múltiples actores agrupados en un entramado institucional que responde a mecanismos producto de la propia globalización, lo cual hace del contexto de la democracia un ámbito de mayor alcance.

En este sentido, ¿pueden tomarse decisiones en relación con la economía, la agricultura, la educación, la cultura o la salud sin considerar el impacto que tienen las mismas en el contexto mundial? Se está frente a límites que se diluyen y con ellos el tema de las soberanías adquiere una novedosa interpretación, como por ejemplo en el caso de la Unión Europea, donde las soberanías nacionales se distinguen por otros atributos (Calamé, 2009: 46). Esto se ve reflejado con mayor fuerza en el propio plano político, cuando decisiones nacionales tienen impacto en el ámbito regional o hemisférico, generando políticas de bloque, tal como ha ocurrido en el caso de Honduras (2009) y más recientemente en Paraguay (2012).

Tezanos plantea que los problemas de la democracia seguirán profundizándose en la medida en que esta no se reinvente para superar la crisis de *funciones* y de *imagen*, descrita como los problemas de desconexión entre las demandas sociales y las respuestas del sistema que no son agregadas y articuladas por las organizaciones políticas y, por otra parte, por el terreno que han ganado los valores asociados a la antipolítica, contribuyendo en alguna medida a la deslegitimación, no solo de la política propiamente, sino de sus actores, en una suerte de "infrapolítica" (Tezanos, 2002: 44).

En otra perspectiva, Rosanvallon define la *contrademocracia* como el dominio de un modelo construido sobre la base de la desconfianza, en donde el control se encuentra en manos del pueblo soberano: "democracia del control". En este modelo se multiplican los poderes de sanción y de obstrucción como una segunda atribución de la contrademocracia, dando lugar a una *democracia negativa* que luce como una versión opuesta al proyecto original que encarnaba la democracia y constituida en torno a un mayor poder del pueblo como juez, con lo que se produce una judicialización de la política, representando formas de ejercer la soberanía de manera no tradicional desde una perspectiva institucional (2006: 30-35).

Por su parte, Fotopoulos considera que la sociedad democrática bajo el modelo representativo atraviesa una profunda y extensa crisis, a la que llama *multidimensional*, retratando la debilidad de los valores que dieron sustento principalmente a la idea de progreso en la edad sucesiva a la Ilustración, y su relación con la noción de crecimiento (2009: 149). Para este autor, la crisis multidimensional tiene que ver con la propia universalización de las instituciones modernas. Por una parte, la *dimensión económica* de la crisis, cuyo rasgo más significativo lo constituye la reducción del estatismo y el mantenimiento de la brecha entre las economías del norte y el sur, universalizando la exclusión de un sector importante de la población, estimulando así migraciones del sur hacia el norte. Por la otra, se encuentra la *dimensión política*, que refleja la relación complementaria entre la concentración política y la económica, en donde los modelos económico y político de una dinámica económica agresiva han conducido a esa concentración económica, de igual forma que la dinámica democrática representativa ha favorecido la concentración política. Fotopoulos considera que la crisis de la política se ha desarrollado en la modernidad neoliberal, minando las bases de la democracia representativa y manifestándose en la forma de cuestionamiento hacia instituciones fundamentales, pudiendo encontrarse subyacente en las expresiones de descontento o aislamiento de formas y prácticas de participación democrática: abstención, protesta y otras expresiones de la antipolítica (2009: 154).

Fotopoulos encuentra que la apatía masiva hacia la política puede rastrearse en Castoriadis, cuando este hace referencia a lo inadecuado de los programas políticos que contemplan la autonomía como proyecto (Fotopoulos, 2009: 155), agregando que es lo inadecuado propiamente de la representatividad democrática para crear unas condiciones genuinamente democráticas lo que pudiera considerarse la causa de la apatía actual. En este sentido, Castoriadis se refiere a que esa idea de autonomía, concebida como un fin en sí mismo, se inscribe dentro de una postura meramente formal, sin aclarar cuáles son sus propósitos, los cuales, sean cuales fueran, necesariamente requerirán el concurso de todos los ciudadanos (Castoriadis, 2005: 129), porque para Castoriadis la autonomía, vista como libertad efectiva —bajo la ley— es una autonomía colectiva que no puede darse sin el concurso de una autonomía individual, en donde la una requiere a la otra para su realización (Castoriadis, 1996: 6). Más adelante, señala Castoriadis que: "La democracia como régimen es, por tanto, al mismo tiempo, el régimen que intenta realizar, tanto como resulta posible, la autonomía individual y colectiva, y el bien común tal como es concebido por la colectividad" (Castoriadis, 1996: 6).

Para Fotopoulos, la *dimensión política* de la crisis tiene relación con la creciente internacionalización del mercado económico; con el debilitamiento del poder de los Estados para controlar los asuntos económicos; con la competitividad entre los países —lo cual degenera en el colapso de la democracia social—; con el establecimiento del consenso neoliberal y la conversión pragmática —con lo que desaparecen las barreras ideológicas entre los partidos políticos—; con los cambios tecnológicos —conducentes a la sociedad posindustrial y a una nueva división del trabajo, que se manifiesta en el debilitamiento de la clase trabajadora tradicional, así como el de la política tradicional—; y, finalmente, con el mito del fin de las ideologías, como consecuencia del colapso de los regímenes socialistas, fortaleciendo la promoción de los valores asociados al modelo neoliberal (2009: 156).

La *dimensión social* se expresa de manera proporcional a la crisis de la economía, debido a su crecimiento principalmente. En estos términos, la sociedad crece y, con ello, sus problemas, disfunciones y debilidades, agravado el contexto por la expansión del mercado económico en todos los ámbitos de la vida social (2009: 159). La *dimensión cultural* de la crisis de la democracia es la consecuencia de los efectos de la economía de mercado sobre los valores y tradiciones culturales, proceso acelerado en el siglo XX con la ampliación de la economía de mercado y su consecuente crecimiento económico, lo que ha conducido a la homogenización cultural, expresada en unos patrones de consumo que alimentan esas conductas: música, moda, medios, haciendo más simple a la cultura, en un proceso fortalecido por la globalización, anulando culturas con tradiciones como la europea en materia de cine, que sucumbe a la voracidad competitiva de la industria fílmica de los EE. UU. (2009: 161). La *dimensión ideológica* de la crisis puede observarse a partir de los cambios estructurales en la transición hacia la modernidad neoliberal, expresándose en el auge del irracionalismo de variadas formas: desde los fundamentalismos religiosos hasta la llamada "nueva era". Para Fotopoulos, el ascenso del irracionalismo es un resultado directo de la crisis de crecimiento económico tanto en el sistema capitalista como en el socialista. El colapso de los proyectos emblema de la modernidad: el socialista y el desarrollista, además del cuestionamiento a la credibilidad de la ciencia, condujeron al crecimiento del irracionalismo y al ascenso del posmodernismo, dado el auge del neoliberalismo y la crisis ideológica (2009: 161). La *dimensión ecológica* hace referencia a la responsabilidad del patrón económico de la economía de mercado y su influencia negativa sobre el medio ambiente, planteado como alternativa al discurso del desarrollo sustentable, la solución ecodemocrática, que promueve la búsqueda de las causas de la crisis ecológica en el propio sistema social, sometido a la dominación institucional de la explotación y trasladándola hacia la necesidad de dominar el sistema ecológico (2009: 166).

Ortega plantea una audaz propuesta que, pudiendo ser vista como una provocación, como un desafío, merece, más allá de la curiosidad, un tratamiento acucioso. El planteamiento descansa en la visión de una *cosmocracia* que, según su autor, no es sino la constitución de una definición del modelo que, en la práctica, se viene desarrollando desde 1990. La *cosmocracia* se revela como el régimen político más adecuado para el ámbito global, cuyos rasgos característicos son, entre otros, la concurrencia en el espacio internacional de una diversidad de actores, conformando un nuevo sistema político global en donde se desarrolla una cultura política particular. De este modo, representa un modelo político que evoluciona históricamente y donde la participación de los ciudadanos se hace mediante sus respectivas organizaciones político-jurídicas (Estados), así como organismos no gubernamentales y actores internacionales (2006: 163).

En la visión de *cosmocracia* de Ortega concurren diversos actores que actúan en el ámbito de la política internacional e influyen decisivamente en su definición, haciéndose notar el hecho de que los ciudadanos no participan sino a través de estructuras colectivas en las que, además, intervienen fuerzas contrarias al interés de desarrollar este sistema político global. Ello define los límites de lo aceptable y lo no aceptable —lo que se encontraría fuera del círculo de la *cosmocracia*—, con lo que se produce una medición de fuerzas centrífugas. Mientras tanto, en el sentido inverso, las fuerzas centrípetas contribuyen a afianzar el modelo de la *cosmocracia*.

La democracia fue durante mucho tiempo, en el contexto moderno, una fuente de expectativas que, producto de la incapacidad de resolución de estas, fue sumiéndose en un laberinto de hostilidades que, para Guéhenno son la consecuencia de la ausencia de consenso, tanto en lo político como en lo social, y de la dominación de la sociedad por parte del Estado.

> La democracia liberal se apoyaba en dos postulados, cuestionados hoy: la existencia de una esfera política, lugar del consenso social y del interés general; y la existencia de actores dotados de una energía propia, que ejercían sus derechos, que manifestaban su "poder" antes incluso de que la sociedad los constituyese en sujetos autónomos (Guéhenno, 1995: 45).

Linz habla de la crisis de la democracia como la incapacidad manifiesta de resolución de problemas por parte del sistema y como el surgimiento de oposiciones desleales que se presentan como alternativa, propiciando la polarización al buscar fuera del gobierno la solución a los problemas (1996: 93).

Pero la visión de Linz se circunscribe a la lectura procedimental de la democracia como sistema político, mientras que se está en presencia de una crisis que trasciende lo instrumental si consideramos que su misma concepción y definición están bajo escrutinio.

Por su parte, Bovero considera que la democracia se encuentra rumbo hacia el modelo de *democracia degenerada* gracias a la unión del patrimonialismo, el populismo y el personalismo —sea carismático o no—, que legitima por la vía constitucional tales propósitos (Bovero, 2002: 160).

Cuando María Zambrano reedita en 1987 su obra *Persona y democracia*, publicada por primera vez en 1958 y donde señala que la democracia del mundo occidental está cercana a su realización para superar su condición de utopía, profundamente ligada a la noción de progreso, la democracia prometía ser el único camino adecuado para el mundo occidental. Sin embargo, justifica la nueva edición al reconocer que la crisis de Occidente, más que crisis, es "orfandad", dejando la obra como "un testimonio, uno más, de lo que ha podido ser la historia, de lo que pudo ser; lo que no desvanece la gloria del ser vivo, de la acción creadora de la vida en este pequeño planeta" (1996: 13).

Es la misma frustración, de la que ya se ha hablado, que se manifiesta como incapacidad para responder o como capacidad autodestructiva: "El estado de democracia se autodestruye rápidamente cuando existe solo fuera del sistema real de gobierno o como un período interino extraordinario, que es solo una suspensión de ese sistema de gobierno" (Lummis, 2002: 186).

Zolo (1994: 131) señala las promesas rotas de la democracia, retomando el planteamiento de Bobbio (2003) sobre las falsas promesas de la democracia, relativas al nacimiento de la

sociedad pluralista, a la garantía de la representación colectiva de intereses, a la superación del poder de las oligarquías, a
la capacidad de ampliar su alcance en el territorio de influencia, cuando lo que se observa es la persistencia de los poderes
ocultos que influyen en las instituciones y la ausencia de educación cívica democrática (28-40). Pero Zolo advierte que Bobbio
pretende justificar el modelo de democracia mínima, estable-
ciendo una débil frontera entre esta y su caracterización de los
regímenes no democráticos (Zolo, 1994: 142).

La democracia, para Bobbio, fue un proyecto pensado
para otra sociedad y que en la nuestra se encontró con limitaciones tales como una economía compleja que requiere una
racionalidad técnica de similar naturaleza, el aumento del
tamaño del aparato burocrático y su consecuente bajo rendi-
miento. Sin embargo, Bobbio no es pesimista y cree que, a
pesar de las promesas incumplidas y las dificultades para su
desarrollo, todavía no es posible que un régimen democrático
degenere en uno autocrático (Bobbio, 2003: 45).

Zolo, en cambio, sí se muestra pesimista en relación
con la democracia. Cree que la preservación de las instituciones democráticas posindustriales se encuentra seriamente
amenazada. Además de los factores internos, señalados por
Bobbio, están los factores externos, que Zolo agrupa como
expresiones de la complejización del mundo contemporáneo:
el crecimiento demográfico, la ampliación de la brecha entre
los países desarrollados y los subdesarrollados, los países no
democráticos, el desarrollo de la guerra en el ámbito nuclear
y biológico-químico, el terrorismo y los desequilibrios en el
medio ambiente, todos los cuales constituyen amenazas al
orden político democrático y a una suerte de "melancolía
democrática", citando a Castoriadis (Zolo, 1994: 224).

Žižek (2003) propone una concepción de la democracia como sistema lógico formal, definido por sus condiciones procedimentales y unas reglas de juego que legitiman sus decisiones. Destaca que la misma puede resultar comprometida por las manipulaciones de las que es objeto el sistema formal de reglas, señalando el caso de las elecciones de los Estados Unidos en el año 2000 como un ejemplo; y, más recientemente, la destitución del presidente paraguayo Lugo en junio de 2012 pues, bajo argumentos jurídicos, tanto en el caso de las elecciones de Estados Unidos como en el de la destitución de Lugo, la aplicación de la normativa luce reñida con la convicción política de una muy cuestionable legitimidad de los desenlaces en ambos casos.

El planteamiento de Žižek reviste una ácida crítica a la hegemonía de los Estados Unidos, cuyo monopolio de la bandera de la democracia se esgrime para calificar a los regímenes políticos y para imponerla como sistema político, según sean sus intereses, pues en el caso de Irak, objeto del artículo "Demasiada democracia", se refleja la doble moral del discurso democrático y afirmando que, dependiendo del caso, será mayor o menor su interés y conveniencia en imponer la democracia como sistema político, amén de la tutela que ejerce en el caso tanto de Irak como de Afganistán.

Tomando como referencia las ideas de Zakaria en relación con el problema que representan la *sobredemocratización* o la *sobredemocracia*, Žižek profundiza en su crítica señalando que el republicanismo norteamericano considera que no todas las sociedades están preparadas para la democracia y, por lo tanto, su desarrollo debe ser un proceso supervisado. Pero, además, y siguiendo con la crítica a Zakaria, el problema se hallaría en la excesiva democratización, que le otorga poder a sectores que

no tienen la madurez política para ejercerlo. Žižek concluye que esa condición de vigilante de la democracia no hace
sino conducir a la humanidad hacia una nueva *Edad Oscura*
(Žižek, 2003).

Reflexiones finales

Si se hubiera de definir la democracia, podría hacerse
diciendo que es la sociedad en la cual no solo es permitido,
sino exigido, el ser persona.

MARÍA ZAMBRANO

La democracia es una etiqueta descriptiva (praxis) que no necesariamente refleja el ideal que históricamente le es reconocido (Whitehead, 2011: 21). En los últimos dos siglos, la discusión ha girado en torno a una democracia que constantemente hace referencia a un modelo que data de veinticinco siglos, pero que no tiene mayor relación que su denominación con la experiencia actual.

Hasta este momento, hemos abordado la democracia desde una caracterización de esta, en el contexto de la teoría política, no como procedimiento sino como modelo, y hemos situado la discusión en el debate de la modernidad y la posmodernidad, centrándonos en lo que la crisis de la democracia representa y analizando su contexto epistemológico, su evolución y crisis desde la teoría política contemporánea, en una aproximación a la definición de la posdemocracia.

La democracia, nacida en la antigüedad griega, hizo su transición hacia la modernidad no sin antes superar la desconfianza y la resistencia que inspiraba. El modelo que adopta, la representatividad, se concibe como un mecanismo para superar las debilidades que plantea la democracia directa y para garantizar el control de sus instituciones, amén de fortalecerse por la influencia del modelo económico capitalista, con el cual inevitablemente resultaría asociada.

Y ha sido precisamente esa asociación la que ha conducido a la democracia a experimentar importantes crisis que, como se ha desarrollado en esta contribución teórica, corresponde a una conjunción de circunstancias que generan más dudas que certidumbres sobre el futuro de la democracia. La representatividad ha transferido su crisis a la democracia misma, haciéndola ver débil ante la amenaza autoritaria, sobre todo en sociedades políticamente inmaduras.

Pero, observando los problemas de la democracia desde el pensamiento político, la discusión se hace más compleja, pues no se trata del procedimentalismo que tanto preocupa, como de los valores implícitos en un modo de vida que encarne a la propia democracia y que se ven estremecidos por las mismas razones que la modernidad es cuestionada. La crisis de la modernidad no deja de verse reflejada en la crisis de la democracia. Hay una ruptura: la democracia representativa ya no responde a las demandas de una sociedad que desconfía de quienes eran los fiduciarios de su ejercicio soberano.

La crisis del capitalismo no deja de tener influencia sobre la democracia representativa. Sus efectos se dejan sentir además cuando se reclama una mayor participación del Estado y se espera la admisión por su parte de un compromiso social más efectivo (Estado de bienestar). Pero cuando el Estado no puede aumentar el gasto social [o con ello no es suficiente], las consecuencias afectan los cimientos de lo que se supone que la democracia debe garantizar a toda prueba: libertades individuales y colectivas, seguridad y bienestar, equidad en las oportunidades, convivencia social equilibrada.

La democracia participativa puede ser vista como una de las consecuencias más importantes de las disfunciones de la democracia representativa. Sin embargo, no por ello deja de tener sus detractores, que ven en el *participacionismo* una medida insuficiente para la reconquista del ideal democrático (siendo Sartori uno de los más notables). La participación pretende rescatar algunos de los fundamentos de la democracia originaria, la griega, resultando claro que procedimentalmente es inviable, por lo que su construcción requiere adaptarse a los espacios de una nueva relación Estado-sociedad, marcada por el impacto de la globalización y la ampliación del modelo económico capitalista.

El espacio global, donde para autores como Held y Ortega debe consolidarse una democracia mundial, responde a la necesidad de no solamente alcanzar regiones esquivas a la democratización, sino además de fortalecer los procesos democratizadores, que son necesarios en la nueva configuración de los Estados que, como la Unión Europea, presentan una creciente complejización. Esa nueva realidad geográfica, política, social, cultural y económica requiere una conducción política que responda a las complicaciones implícitas en dicho entorno.

En el pensamiento moderno, la democracia tardó en establecerse, cargando con el pesado lastre de experiencias pasadas que generaban recelo y desconfianza. Sin embargo, el tiempo y las circunstancias habrían de suavizar el ambiente para permitirle afianzarse como el modelo ideal de organización política, claro está, sin estar exenta de cuestionamientos y dudas con respecto a su realización, al estar constantemente sometida a comparaciones con la versión antigua griega.

La democracia moderna fue concebida dentro de esas mismas convicciones y por tanto la crisis de la modernidad no ha dejado por fuera a la democracia. Algunos autores como Guéhenno se preguntan si no será necesaria la vuelta al *directismo* democrático para salvarla; los autoritarismos la han desafiado y la participación no ha sido, en el mejor de los casos, una salida favorable para su recuperación.

Tanto se ha socavado la experiencia de algunas democracias que se acercan peligrosamente al ejercicio autoritario del poder (como lo desarrollan O'Donnell, Levitsky y Way), dando lugar a otros modelos de democracia que, aun cuando se entiende que se alejan del ideal moderno o de la misma poliarquía —tales como la democracia delegativa o el autoritarismo competitivo—, mantienen algunos elementos característicos de la democracia procedimental, fundamentalmente en materia electoral.

La posmodernidad trajo al debate, como lo plantea Young (1998), una reinterpretación del pluralismo democrático, porque es en la política democrática donde confluyen aquellas identidades que han sido desplazadas, encontrándose afinidades y desafíos entre los más diversos actores. Y esto ocurre en medio de lo que la posmodernidad concibe como el fin de las certezas, la crisis del orden y la ruptura con una forma de concebir el poder. Los cuestionamientos provienen de sectores diversos, antagónicos pero que, en circunstancias extremas, tienden a agruparse. Como ejemplo reciente de ello está el Movimiento de los Indignados, donde convergen las más disímiles motivaciones unidas en una gran movilización de descontento (Nun, 2011) que reclama igualdad y justicia social, rechazando la voracidad del corporativismo financiero, la supresión de derechos laborales, hasta llegar a la defensa del ecosistema, mostrando el quiebre del espíritu de una época, de los paradigmas modernos, y ubicándose en la tradición de lo que señala Mouffe (1999) cuando describe a la democracia radical como la unificación de los movimientos sociales plurales de la sociedad civil en la profundización de la práctica democrática tanto en el Estado como en la sociedad (Young, 1998: 491).

La crisis que retrata esa ruptura con el orden tiene diversas lecturas, que se han recorrido desde la mirada de sus autores. Para unos, es una crisis de control y de legitimidad frente a los nuevos desarrollos económicos y políticos (Dahrendorf); mientras que, para otros, la crisis se presenta en lo interno, amenazada desde las propias entrañas de la democracia (Bobbio). La crisis es el producto de un agotamiento por el cese de luchas (Comisión Trilateral) o por la caducidad del modelo (Hardt y Negri); aunque también puede ser vista como una crisis de crecimiento (Gauchet). Es posible que la crisis de funciones e imagen pese a la hora de buscar los porqués (Tezanos); sin embargo, la noción de una *contrademocracia* podría explicar por qué de súbito se cae en la desconfianza hacia la democracia (Rosanvallon). En la crisis hay elementos de autodestrucción de la democracia (Lummis); una multidimensionalidad que no permite argumentar sobre la base de una causa única, pero es en la propia incapacidad de la democracia de satisfacer las demandas sociales (Linz) donde se concentra toda la crítica al modelo.

El problema, a nuestro juicio, estriba en que la crisis de la democracia ha trascendido lo meramente procedimental. No es la democracia electoral la que por sí sola puede garantizar la credibilidad en el sistema. En realidad, son los valores que subyacen al ejercicio democrático los que le conceden el soporte necesario para resistir las exigencias —que en muchos casos, resultan disímiles o antagónicas— en una misma realidad social.

La crisis de la democracia no es una crisis de su denominación; lo es de su naturaleza, de su estructura, de sus componentes y de sus principios, es decir: *de la metafísica de la democracia*. Las realidades políticas, económicas, sociales y culturales no son las mismas que acompañaron a la democracia moderna en su consolidación; de allí que la *naturaleza* de la democracia no se corresponda con el contexto en el cual se inserta. Sus niveles de acción han ido ajustándose a las demandas por una mayor participación; sin embargo, esto tampoco ha sido suficiente para recuperar la confianza en sus acciones, luciendo a veces como un sistema que obstaculiza el verdadero ejercicio de la soberanía (*estructura*). Los elementos asociados a la democracia, para garantizar su propósito, pueden entrar en cuestionamiento al producirse una pérdida de legitimidad en los sistemas electorales, legislativos o judiciales (*componentes*). Los valores (*principios*) asociados a la democracia, las instituciones que los representan: Estado de derecho, libertad, equidad, justicia son los pilares sobre los cuales descansa la legitimidad democrática; si alguno de estos valores se resquebraja, la democracia pierde terreno como modelo de vida.

La democracia se ha reinventado. La participación, la ciberdemocracia, la democracia mundial, la cosmocracia no son sino manifestaciones de un deseo de renovación, pero que muestran la voluntad de restauración de su fachada, no de sus cimientos, donde se cree están los grandes desafíos democráticos: la concepción del Estado y de su relación con la sociedad, los nexos con la economía, la corresponsabilidad con las demandas sociales, la apertura de espacios de decisión pública transparentes, el reconocimiento de mecanismos de vigilancia y seguimiento, la responsabilidad de la gestión pública, la participación en las decisiones públicas de forma efectiva… son tan solo algunos de los más importantes aspectos de la democracia que revisten particular inquietud si se observan los estudios de opinión efectuados por organismos multilaterales como el PNUD, por ejemplo.

Esto significa que se está frente a una necesaria redefinición de la democracia, porque la que se ha conocido no ha logrado superar las demandas de renovación que se han planteado. La denominación de "democracia" ha servido para que muchos regímenes antidemocráticos se revistan de legitimidad, haciéndola aún mucho más vulnerable a las críticas. La democracia debe tomar distancia de una concepción de su modelo que ha trascendido sus raíces.

Sin embargo, en la democracia persiste el deseo de sobrevivir, resistiéndose a sucumbir ante los autoritarismos y mostrándose desafiante, en una suerte de renacimiento de sus cenizas, en una forma de resurrección como *posdemocracia*, como lo que surge cuando se han exorcizado todos sus demonios.

Cuadro n.º 2. Crisis de la democracia en el debate modernidad-posmodernidad vista desde los autores

	DEMOCRACIA	CRISIS	DISCUSIÓN
PENSAMIENTO MODERNO	Tomando el término en su rigurosa acepción, no ha existido nunca verdadera democracia, ni existirá jamás. Va contra el orden natural que el gran número gobierne y el pequeño sea gobernado. No se puede imaginar que el pueblo permanezca continuamente reunido en asamblea para tratar los asuntos públicos, y fácilmente se ve que no podría establecer para esto delegaciones sin que cambie la forma de la administración (Rousseau, 1973: 70).	La visión clásica es puesta en duda y el Estado absoluto entra en crisis. Una de las expresiones más claras de la modernidad es su rechazo al ejercicio del poder absoluto, visión que comparten destacados pensadores de la época como Locke, Montesquieu y Rousseau, en su oposición a la noción del origen divino o hereditario de la legitimación del poder político, abogando por su secularización (Touraine: 2002).	Rousseau considera que es solo mediante el pacto social que el hombre puede defenderse de la fuerza, del poder que no conoce limitaciones, porque mediante ese acuerdo se suman las voluntades para encarnar una sola que será la garantía para la preservación de la libertad en el estado social y la limitación de las desigualdades. La voluntad general representa la sumatoria de todas las voluntades que, al contrario de suponer que restringe la libertad, Rousseau considera que permite el ejercicio de esta.
	Según Touraine, la democracia es la forma política "que garantiza la compatibilidad y la combinación de lo que con demasiada frecuencia se manifiesta como contradictorio y puede conducir al conflicto entre los aparatos de dominación y las dictaduras de la identidad, conflicto mortal cualquiera que sea el vencedor" (2002: 336).	La ideología modernista no estuvo vinculada con la idea democrática, sino que fue propiamente revolucionaria al criticar, en teoría, y posteriormente en la práctica, el poder del rey y de la Iglesia católica en nombre de principios universales y de la razón misma (Touraine, 2002: 26).	La democracia se convierte en un muro de contención para limitar los excesos de sectores poderosos, mientras promueve los derechos de los que no forman parte de la élite en el poder. Pero de acuerdo con esta interpretación, la democracia es solo un instrumento de control que no trasciende hacia una forma de vida.
	Para Habermas (2001), la democracia se sostiene sobre la base de una política deliberativa, que se diferencia de los modelos centrados en la economía (Estado liberal) o del modelo republicano (Estado institucionalizado), que tradicionalmente se han considerado para su interpretación.	Para Touraine, Habermas trae a discusión que en todo conflicto social se plantea siempre el referente cultural en común que tienen las partes, de forma que, prosigue Touraine, en el debate democrático se encuentran el consenso, el conflicto y el compromiso (2002: 332). Según Touraine, la democracia es la forma política "que garantiza la compatibilidad y la combinación de lo que con demasiada frecuencia se manifiesta como contradictorio y puede conducir al conflicto entre los aparatos de dominación y las dictaduras de la identidad, conflicto mortal cualquiera que sea el vencedor" (2002: 336).	Habermas recuerda constantemente que no hay democracia si no se escucha y reconoce al otro, si no se busca lo que tiene un valor universal en la expresión subjetiva de una preferencia. La deliberación democrática, en un parlamento o ante un tribunal o en los medios de difusión, supone ante todo que se reconozca cierta validez a la posición del otro, salvo en el caso en el que este se coloque clara y voluntariamente más allá de las fronteras de la sociedad (2002: 331).

	DEMOCRACIA	CRISIS	DISCUSIÓN
PENSAMIENTO POSMODERNO	... cuando la democracia llega a regiones del mundo anteriormente gobernadas por regímenes autoritarios, el término se utiliza para englobar toda la gama de los valores modernos: libertad, ciertamente; igualdad, que Tocqueville fue el primero en llamar "democracia", y, más recientemente, fraternidad. El término "democracia" se convierte así en sinónimo de buena sociedad y también esto es un desagradable error. ... La democracia es la voz del pueblo que crea instituciones, las cuales controlan el gobierno y hacen posible cambiarlo sin violencia. En este sentido el "demos", el pueblo, es el soberano que da legitimidad a las instituciones de la democracia (Dahrendorf, 2002: 10).	Lipovetsky (2008) advierte que la noción de democracia está acompañada de decepción, de un desencanto, de un escepticismo que tiene que ver con la incapacidad de la clase política de cumplir con sus promesas, porque les han dado prioridad a sus intereses particulares, lejos de aquellos que los llevaron al poder; pero además, la democracia, al vencer la amenaza comunista y los nacionalismos, se quedó sin mayores desafíos.	"Paradoja de la época: cuanto más crece la decepción, más se consolida la adhesión masiva a los valores democráticos. La queremos, pero sin pasión. Y la queremos sobre todo cuando tenemos la sensación de que está en peligro" (Lipovetsky, 2008: 80), porque no deja de ser la mejor opción con que se cuenta.
	En Derrida, la concepción de democracia es vista como una promesa que busca reducir la distancia que hay entre lo que es y a lo que aspira (Corcuff: 146).	"Las revoluciones políticas modernas, ya sean democráticas o comunistas, parecieran perder su dinámica una vez que tienen éxito" (Wolin, 2004: 400).	El análisis realizado por Tocqueville hace cien años se ha cumplido plenamente. Bajo el monopolio privado de la cultura acontece realmente que "la tiranía deja libre el cuerpo y embiste directamente contra el alma. El amo no dice más: debes pensar como yo o morir. Dice: eres libre de no pensar como yo; tu vida, tus bienes, todo te será dejado, pero a partir de este momento eres un intruso entre nosotros". Quien no se adapta resulta víctima de la impotencia espiritual del aislado. Excluido de la industria, es fácil convencerlo de su insuficiencia (Adorno, 1985: 192).

	DEMOCRACIA	CRISIS	DISCUSIÓN
PENSAMIENTO POSMODERNO	El concepto de posdemocracia nos ayuda a describir aquellas situaciones en las que el aburrimiento, la frustración y la desilusión han logrado arraigarse tras un momento democrático y los poderosos intereses de una minoría cuentan mucho más que los del conjunto de las personas corrientes a la hora de hacer que el sistema político las tenga en cuenta; o aquellas otras situaciones en las que las élites políticas han aprendido a sortear y manipular las demandas populares y las personas deben ser persuadidas para votar mediante campañas publicitarias (Crouch, 2004: 35).	El problema es que la democracia representativa ya no nos satisface, y por ello reclamamos "más democracia", lo que quiere decir, en concreto, dosis crecientes de directismo, de democracia directa. Y así, dos profetillas del momento, los Toffler, teorizan en su "tercera ola" sobre una democracia semidirecta. De modo que los referendos están aumentando y se convocan cada vez más a menudo, e incluso el gobierno de los sondeos acaba siendo, de hecho, una acción directa, un directismo, una presión desde abajo que interfiere profundamente en el *problemsolving*, en la solución de los problemas. Esta representará una mayor democracia. Pero para serlo realmente, a cada incremento de demopoder debería corresponderle un incremento de demosaber. De otro modo la democracia se convierte en un sistema de gobierno en el que son los más incompetentes los que deciden. Es decir, un sistema de gobierno suicida (Sartori, 2008: 128).	El sistema llega a convertirse en una videocracia, en opinión de Sartori (2008), cuando a través de los mecanismos del cibermundo es como se desenvuelven los individuos que tienen el control de las decisiones, desarrollándose una alta dependencia de los sondeos de opinión, que orientan las respuestas del sistema a las demandas.
	La democracia [en referencia a la de los Estados Unidos] es efímera, en lugar de representar un sistema estable; prefiere denominarla democracia fugitiva para acentuar su naturaleza esporádica, relacionándola directamente con la noción aristotélica. Por ello resulta mucho más conveniente hablar de formas de democracia en lugar de una sola; es esa multiplicidad la que deviene en política antitotalitaria (Wolin, 2004: 603).	El problema de la democracia es que cae en las redes corporativas, en sectores organizados que representan los intereses de grupos que son protegidos por encima del pueblo. De una relación desigual, no puede menos que producirse la desafiliación, que no es solo un rasgo del Estado posdemocrático sino posrrepresentativo (Wolin, 2004: 601).	La democracia en este contexto luce disminuida, debilitada por ser la promesa, la oferta que no llega a concretarse, sobre la cual se constituye un entramado institucional que no termina de convencer a todos de manera similar, porque llega a ser incapaz de complacer a todos los sectores con los mismos niveles de eficiencia.

Referencias bibliográficas

ADORNO, Theodor y HORKHEIMER, Max (1985). *Industria cultural y sociedad de masas*. Caracas: Monte Ávila Editores.

ÁGUILA, Rafael del (1998). "Los precursores de la idea de democracia: La democracia ateniense". En: Rafael del Águila y Fernando Vallespín (comp.) *La democracia en sus textos* (pp. 15-31). Madrid: Alianza Editorial.

ALCÁNTARA, Manuel (2004). *Gobernabilidad, crisis y cambio. Elementos para el estudio de la gobernabilidad de los sistemas políticos en épocas de crisis y cambio*. México: Fondo de Cultura Económica.

ALONSO, C., y ALONSO, J. (2015). *En busca de la libertad de los de abajo: la demoeleuthería*. Guadalajara: Universidad de Guadalajara.

ALTHUSSER, Louis (1967). *La revolución teórica de Marx*. México: Siglo XXI Editores.

ANDERSON, Perry, BOBBIO, Norberto y CERRONI, Umberto (1993). *Socialismo, liberalismo y socialismo liberal*. Caracas: Editorial Nueva Sociedad.

AQUINO, Tomás de (1985). *Compendio de teología*. Biblioteca de Política, Economía y Sociología. Barcelona: Editorial Orbis S.A.

ARENDT. Hannah (1997). *¿Qué es la política?* Barcelona: Ediciones Paidós.

__________ (2006). *Sobre la violencia*. Madrid: Alianza Editorial.

__________ (2008). *Los orígenes de totalitarismo*. Bogotá: Editorial Taurus.

ARISTÓTELES (1985a). *Política*. Volumen I. Biblioteca de Política, Economía y Sociología. Barcelona: Editorial Orbis.

__________ (1985b). *Política*. Volumen II. Biblioteca de Política, Economía y Sociología. Barcelona: Editorial Orbis.

ASAMBLEA NACIONAL DE FRANCIA. *Declaración de los Derechos del Hombre y del Ciudadano*. 26/08/1789. [Documento en línea] Consultado el 24/03/2012 en: http://www.juridicas.unam.mx/publica/librev/rev/derhum/cont/30/pr/pr23.pdf.

ATTALI, Jacques (2009). *Y después de la crisis ¿qué...? Propuestas para una nueva democracia mundial*. Barcelona: Editorial Gedisa S.A.

AUGÉ, Marc (2000). *Los no lugares. Una antropología de la sobremodernidad*. Barcelona: Editorial Gedisa S.A.

__________ (2009). *Sobremodernidad. Del mundo de hoy al mundo de mañana*. [Documento en línea] Consultado el 18/10/2011 en: http://es.scribd.com/doc/7986929/Marc-Auge-sobremodernidad

BADIOU, Alain (2006). *Democracy, Politics and Philosophy*. Lecture at European Graduate School EGS, Saas Fee, Switzerland. [Documento en línea] Consultado el 18/03/2012 en: http://www.egs.edu/faculty/alain-badiou/articles/democracy-politics-and-philosophy/.

BAUMAN, Zygmunt (2006). *Modernidad líquida*. Buenos Aires: Fondo de Cultura Económica.

BECK, Ulrich (1996). "La modernidad reflexiva". En: Beriain, Josetxo (comp.) *Las consecuencias perversas de la modernidad. Modernidad, contingencia y riesgo* (pp. 199-262). Barcelona: Anthropos.

BERLIN, Isaiah (1958). *Dos conceptos de libertad.* Conferencia inaugural dictada en la Universidad de Oxford, Inglaterra 31/10/1958. [Documento en línea] Consultado el 14/11/08 en: http://www.plataforma.uchile.cl/fg/semestre2/_2001/libert/modulo2/clase3/doc/berlin.doc

BOBBIO, Norberto (2002). *Estado, gobierno y sociedad. Por una teoría general de la política.* México: Fondo de Cultura Económica.

___________ (2003). *El futuro de la democracia.* México: Fondo de Cultura Económica.

BOBBIO, Norberto (1985). "La crisis de la democracia y la lección de los clásicos". En: Bobbio, Norberto, Pontara, Giuliano y Veca, Salvatore. *Crisis de la democracia* (pp. 5-25). Barcelona: Editorial Ariel S.A.

BOBBIO, Norberto, MATTEUCCI, Nicolás y PASQUINO, Gianfranco (2002). *Diccionario de Política.* Decimotercera edición. México: Siglo XXI Editores S.A. de C.V.

BORÓN, A. (2003). *Estado, capitalismo y democracia en América Latina.* Buenos Aires: CLACSO.

BOURDIEU, Pierre (2005). *Intelectuales, política y poder.* Buenos Aires: Ediciones Eudeba.

BOVERO, Michelangelo (2002). *Una gramática de la democracia. Contra el gobierno de los peores.* Madrid: Editorial Trotta.

CALAMÉ, Pierre (2009). *Hacia una revolución de la gobernanza. Reinventar la democracia.* Santiago: Ediciones LOM.

CAMINAL, Miquel (2005). "La política como ciencia". En: Caminal, M. (ed.). *Manual de Ciencia Política* (pp. 19-36). Segunda edición. Madrid: Editorial Tecnos.

CANSINO, César (2006). "Adiós a la ciencia política-Crónica de una muerte anunciada". En: *Revista Espacios Políticos* 28/10/2006. [Documento en línea] Consultado el 24/01/2008 en: http://www.espaciospoliticos.com.ar/index.php.

CASTORIADIS, Cornelius (1996). "La democracia como procedimiento y como régimen". En: *Iniciativa Socialista*, núm. 38, febrero 1996. [Documento en línea] Consultado el 24/05/2009 en: http://www.inisoc.org/indtodo.htm.

____________ (2005). *Los dominios del hombre: las encrucijadas del laberinto.* Barcelona: Editorial Gedisa.

CHANEY, Eric (2012). "Democratic Change in the Arab World, Past and Present of Economics". Brookings Panel on Economic Activity. March 22-23, 2012. [Documento en línea] Consultado el 23/04/2012 en: http://www.brookings.edu/about/projects/bpea/latest-conference/chaney

COLLADO T., Aurelio (2001). "Política posmoderna: una nueva lectura de la historia". En: Freddy Maríñez N., (coord.) *Ciencia Política: Nuevos contextos, nuevos desafíos.* (pp. 77-93). México: Grupo Noriega Editores.

CONSTANT, Benjamin (1819). "De la libertad de los antiguos comparada con la de los modernos". En: *Revista de Estudios Públicos* N.° 59, año: 1995. pp. 1-11. [Documento en línea] Consultado el 24/01/2008 en: *www7.uc.cl/historia/vinculos/2006/vatter_revoluciones.pdf.*

CORTINA, Adela (2008). Ética aplicada y democracia radical. Quinta edición. Madrid: Editorial Tecnos S. A.

CROUCH, Colin (2004). *Posdemocracia*. Madrid: Taurus-Santillana Ediciones Generales S. L.

CROZIER, M.; HUNTINGTON, S.; WATANUKI, J. (1975). *The Crisis of Democracy. Report on the Governability of Democracies to the Trilateral Comission*. New York: New York University Press.

DAHL, Robert (1988). *Un prefacio a la Teoría Democrática*. Caracas: Ediciones de la Biblioteca de la UCV.

___________ (1998). *La democracia. Una guía para los ciudadanos*. Madrid: Taurus.

DAHRENDORF, Ralph (2002). *Después de la democracia:* Entrevistado por Antonio Polito. Barcelona: Editorial Crítica.

DEL PERCIO, Enrique (2006). *La condición social: consumo, poder y representación en el capitalismo tardío*. Buenos Aires: Editorial Altamira.

DIAMOND, Larry (2008). *The Spirit of Democracy*. Henry Holt: New York.

DOGAN, Mattei (1998). "Political Science and the other social sciences". En: Robert E. Goodin y Hans-Dieter Klingemann (Edit.) *A New Handbook of Political Science*. (pp. 97-108). New York: Oxford University Press Inc.

FINLEY, Moisés (1980). *Vieja y nueva democracia*. Primera edición. España: Ariel S.A.

FOTOPOULOS, Takis (2009). *The multidimensional crisis and inclusive democracy*. Estados Unidos: INID.

FUKUYAMA, Francis (1992). *El fin de la historia y el último hombre*. Bogotá: Editorial Planeta.

GADAMER, Hans-Georg (1995). *El giro hermenéutico*. Segunda edición. Madrid: Editorial Cátedra.

__________ (1998). *Verdad y método*. Tomo II. Salamanca: Ediciones Sígueme.

__________ (1999). *Verdad y Método*. Tomo I. Salamanca: Ediciones Sígueme.

GARCÍA, Carlos (2002). "La Grecia antigua". En: Fernando Vallespín (ed.). *Historia de la Teoría Política*. Tomo I (pp. 57-174). Madrid: Alianza Editorial.

GARCÍA, Elena (1998). "El discurso liberal: democracia y representación". En: Rafael del Águila y Fernando Vallespín (comp.). *La democracia en sus textos* (pp. 115-155). Madrid: Alianza Editorial.

GARCIANDÍA, José (2005). *Pensar sistémico. Una introducción al pensamiento sistémico*. Bogotá: Editorial Pontificia Universidad Javeriana.

GAUCHET, Marcel (2008). *La democracia. De una crisis a otra*. Buenos Aires: Ediciones Nueva Visión.

__________ (2000). *El porvenir de la libertad. La democracia en la época de la globalización*. Buenos Aires: Editorial Paidós.

GIDDENS, Anthony (2001). *Más allá de la izquierda y la derecha. El futuro de las políticas radicales*. Madrid: Ediciones Cátedra.

GRADOWSKA, Anna (2004). *El otoño de la Edad Moderna (Reflexiones sobre el posmodernismo)*. Caracas: Ediciones CDCH-UCV.

GRAMSCI, Antonio (1992). *Antología*. Selección, traducción y notas de Manuel Sacristán. México: Siglo XXI Editores.

GREBLO, Edoardo (2002). *Democracia. Léxico de Política*. Buenos Aires: Ediciones Nueva Visión.

GRONDIN, Jean (2002). *Introducción a la hermenéutica filosófica*. Segunda edición. Barcelona: Editorial Herder.

GUÉHENNO, Jean (1995). *El fin de la democracia. La crisis política y las nuevas reglas del juego.* Buenos Aires: Editorial Paidós.

GUEVARA, Pedro (1997). *Estado vs. democracia.* Caracas: Ediciones de la UCV.

HABERMAS, Jürgen (1999). *Problemas de legitimación en el capitalismo tardío.* Madrid: Ediciones Cátedra S. A.

__________ (2001). *Facticidad y validez. Sobre el derecho y el Estado democrático de derecho en términos de teoría del discurso.* Madrid: Editorial Trotta.

__________ (2004). "Modernidad: un proyecto incompleto". En: *El debate modernidad-posmodernidad.* Comp. Nicolás Casullo. Segunda edición. Buenos Aires: Retórica Ediciones.

__________ (2007). *Teoría de la acción comunicativa.* Tomo I. México: Editorial Taurus.

HALUANI, Makram (1990). *La ciencia del control político.* Caracas: Alfadil Ediciones.

HARDT, Michael y NEGRI, Antonio (2004). *Multitud. Guerra y democracia en la era del Imperio.* Caracas: Editorial Debate.

HELD, David (1998). "La democracia en el ámbito internacional". En: Rafael del Águila y Fernando Vallespín (comps.) *La democracia en sus textos* (pp. 503-520). Madrid: Alianza Editorial.

__________ (2007). *Modelos de democracia.* Madrid: Alianza Editorial.

HORNBLOWER, S. (1995). "Creación y desarrollo de las instituciones democráticas en la antigua Grecia" (pp. 13-29). En: Dunn, John (coord.). *Democracia viaje inacabado (508 a. C. – 1993 d. C.).* España: Tusquets Editores S. A.

HUNTINGTON, S. (1991). "Democracy's Third Wave". *Journal of Democracy.* 2 (2), 12-34.

HUNTINGTON, S. (1973). *Political Order in Changing Societies*. London: Yale University Press.

KOSELLECK, R. (2007). *Crítica y crisis. Un estudio sobre la patogénesis del mundo burgués*. Madrid: Editorial Trotta.

KOSELLECK, Reinhart and Michaela Richter (2006). "Crisis". *Journal of the History of Ideas*, 67(2): 357-400. *Project MUSE*, doi:10.1353/jhi.2006.0013

LACLAU, E., y MOUFFE, C. (2006). *Hegemonía y estrategia socialista. Hacia una radicalización de la democracia*. Fondo de Cultura Económica: Argentina.

LEVITSKY, Steven y WAY, Lucan A. "Elecciones sin democracia. El surgimiento del autoritarismo competitivo". En: *Estudios Políticos* N.º 24 (pp.159-176). Medellín, enero-junio 2004.

LINZ, Juan (1996). *La quiebra de las democracias*. Madrid: Alianza Editorial.

LIPOVETSKY, Gilles (1994). *La era del vacío. Ensayos sobre el individualismo contemporáneo*. Séptima edición. Barcelona: Editorial Anagrama S. A.

___________ (2008). *La sociedad de la decepción*. Entrevista con Bernard Richard. Barcelona: Editorial Anagrama S. A.

LOCKE, John (1983). *Ensayo sobre el Gobierno Civil*. Biblioteca de Política, Economía y Sociología. Barcelona: Ediciones Orbis S. A.

LYOTARD, Jean F. (1994). *La condición posmoderna. Informe sobre el saber*. Quinta edición. Madrid: Ediciones Cátedra S. A.

___________ (2001). *La posmodernidad explicada a los niños*. Barcelona: Editorial Gedisa S. A.

LUMMIS, Douglas (2002). *Democracia radical*. Buenos Aires: Siglo XXI Editores, S.A. de C.V.

MACPHERSON, Cecil B. (1997). *La democracia liberal y su época*. Madrid: Alianza Editorial.

MAQUIAVELO, Nicolás (1985). *El Príncipe*. Biblioteca de Política, Economía y Sociología. Barcelona: Ediciones Orbis S. A.

MARÍÑEZ, Freddy (2001). "Controversia de la Ciencia Política". En: Freddy Maríñez (coord.) *Ciencia Política: Nuevos contextos, nuevos desafíos* (pp. 19-50). México: Editorial Limusa–Noriega Editores.

MARX, Karl (2004). *Crítica a la Filosofía del Estado y del Derecho de Hegel*. Buenos Aires: Ediciones Del Signo.

MÉNDEZ, Ana (2006). *Democracia y discurso político: Caldera, Pérez y Chávez*. Caracas: Monte Ávila Editores Latinoamericana.

MILL, John S. (1985). *Sobre la libertad*. Barcelona: Editorial Orbis.

___________ (2008). *Del Gobierno representativo*. Cuarta edición. Barcelona: Editorial Tecnos.

MONTESQUIEU, Charles de (1984). *Del espíritu de las leyes*. Tomo I. Barcelona: Ediciones Orbis.

MOUFFE, Chantal (1999). *El retorno de lo político*. Barcelona: Paidós.

NAÍM, Moisés (2009). "The 'Axis of Lula' vs. The 'Axis of Hugo'". En: *Revista Foreign Policy* 26/03/2009. [Documento en línea] Consultado el 28/03/2009 en: http://www.foreignpolicy.com/story/cms.php?story_id=4780.

NUN, José (2011). "La bronca de los indignados: Causas y reclamos de un fenómeno que conmueve al mundo" En *La Nación* 03/11/2011. [Documento en línea] Consultado el 13/03/2012 en: http://www.lanacion.com.ar/1419643-la-bronca-de-los-indignados.

O'DONNELL, Guillermo (2004). *Contrapuntos: ensayos escogidos sobre autoritarismo y democratización*. Buenos Aires: Paidós.

ORTEGA, Martín (2006). *Cosmocracia: Política global para el siglo XXI*. Madrid: Editorial Síntesis.

PISIER, Evelyne, DUHAMEL, Olivier y CHATELET, François (2006). *Historia del Pensamiento Político*. Madrid: Editorial Tecnos.

PLATÓN (1980). *Obras completas: La República*. Madrid: Editorial Aguilar.

PLATTNER, Marc F. (1999). "From Liberalism to liberal democracy". En *Revista Journal of Democracy*. Vol. 10.3 (pp. 121-134). [Documento en línea] Consultado el 26/03/2011 en: http://jagama.tripod.com/archives/lib-democracy/articles.htm.

POPPER, Karl (1971). *The Open Society and its enemies*. Vol II. New Jersey: Princeton University Press Books.

PUERTA R., M. (2010). *El debate entre los modelos de democracia representativa y participativa. Elementos teórico-conceptuales*. Valencia: Asociación de Profesores de la Universidad de Carabobo.

RAWLS, John (2002). *Teoría de la Justicia*. México: Fondo de Cultura Económica.

REQUEJO C., Ferrán (1994). *Las democracias. Democracia antigua, democracia liberal y Estado de Bienestar*. Primera reimpresión. Barcelona: Editorial Ariel S.A.

ROS, Juan (2000). *El concepto de democracia en Alexis de Tocqueville (Una lectura filosófico-política de la Democracia en América)*. Tesis Doctoral en línea. [Documento en línea] Consultado el 18/05/2010 en: http://www.tdr.cesca.es/TESIS_UJI/AVAILABLE/TDX-0723104-13021//ros.pdf.

ROSANVALLON, Pierre (2007). *La contrademocracia. La política en la era de la desconfianza.* Buenos Aires: Ediciones Manantial.

___________ (2006). "La historia de la palabra 'democracia' en la época moderna". En: *Estudios Políticos.* N.º 28. Instituto de Estudios Políticos: Colombia. Enero-Junio. 2006. [Documento en línea] Consultado el 10/1/2008 en: http://bibliotecavirtual.clacso.org.ar/ar/libros/colombia/iep/28/01%20rasanvallon.pdf.

ROUSSEAU, Juan (1973). *El contrato social.* España: Aguilar Ediciones.

RUDNER, Richard (1973). *Filosofía de la Ciencia Social.* Madrid: Editorial Alianza Universidad.

SADER, E. (2005). "Hacia otras democracias". En: De Sousa, Boaventura (coord.). *Democratizar la democracia. Los caminos de la democracia participativa* (pp. 565-590). México: Fondo de Cultura Económica.

SALAZAR, Pedro (2008). *La democracia constitucional. Una radiografía teórica.* México: Fondo de Cultura Económica.

SÁNCHEZ, Cristina (2004). "Hannah Arendt". En: Fernando Vallespín (ed.) *Historia de la Teoría Política.* Tomo 6 (pp. 146-186). Madrid: Alianza Editorial.

SANTOS, B. (2004). *Reinventar la democracia.* Quito: Ediciones Abya-Yala e Instituto Latinoamericano de Investigaciones Sociales-FES.

___________ (2005). "Introducción: Para ampliar el canon democrático". En: *Democratizar la democracia. Los caminos de la democracia participativa* (pp. 35-76). México: Fondo de Cultura Económica.

SARTORI, Giovanni (1962). *Democratic theory.* Detroit: Wayne State University Press.

____________ (1987a). *The theory of democracy revisited. Part One: The contemporary debate*. New Jersey: Chatham House Publishers, Inc.

____________ (1987b). *The theory of democracy revisited. Part Two: The classical issues*. New Jersey: Chatham House Publishers, Inc.

____________ (1994). *¿Qué es la democracia?* Bogotá: Altamir Ediciones.

____________ (1996). *La política. Lógica y método en las ciencias sociales*. México: Fondo de Cultura Económica.

____________ (1999). *Elementos de Teoría Política*. Madrid: Alianza Editorial.

____________ (2004). "Hacia dónde va la ciencia política". En: *Revista Política y Gobierno*. Vol. 11, núm. 2. México: CIDE.

____________ (2008). *Homo videns*. México: Editorial Taurus.

____________ (2009). *La democracia en 30 lecciones*. Bogotá: Editorial Taurus.

SCHUMPETER, J. A. (1983). *Capitalismo, socialismo y democracia*. Tomo II. Biblioteca de Economía. Barcelona: Ediciones Orbis S. A.

SIÈYES, Emmanuel (1973). ¿Qué es el Tercer Estado? Barcelona: Ediciones Orbis S. A.

TEZANOS, José F. (2002). *La democracia incompleta. El futuro de la democracia postliberal*. Madrid: Editorial Biblioteca Nueva.

TOCQUEVILLE, A. (1985). *La democracia en América*. Biblioteca de Política, Economía y Sociología. Barcelona: Ediciones Orbis S. A.

TOURAINE, Alain (2000). ¿Qué es la democracia? Segunda edición. México: Fondo de Cultura Económica.

__________ (2001). ¿Podremos vivir juntos? México: Fondo de Cultura Económica.

__________ (2002). *Crítica de la modernidad*. México: Fondo de Cultura Económica.

VALLESPÍN, Fernando (1998). "El discurso de la democracia radical". En: Rafael del Águila y Fernando Vallespín (comp.) *La democracia en sus textos* (pp. 157-173). Madrid: Alianza Editorial.

VON BEYME, K. (1994). "Teoría política: De la modernidad a la posmodernidad". *Ciencia política: Revista trimestral para América Latina y España*. ISSN 0120-7687, N.⁰ 37 (OCT-DIC), 1994, págs. 123-138.

VON SOEST, C. and Wahman, M. (2014). *Are democratic sanctions counterproductive?* Democratization, DOI: 10.1080/13510347.2014.888418

WHITE, Hayden (1992). *El contenido de la forma. Narrativa, discurso y representación histórica*. Barcelona: Ediciones Paidós.

WHITEHEAD, Laurence (2011). *Democratización. Teoría y experiencia*. México: Fondo de Cultura Económica.

WOLIN, Sheldon (2001). *Política y perspectiva. Continuidad y cambio en el pensamiento político occidental*. Buenos Aires: Amorrortu Editores.

__________ (2004). *Politics and Vision. Continuity and Innovation in Western Political Thought*. New Jersey: Princeton University Press.

YOUNG, Iris M. (1998). "Political Theory: An overview". En: Robert E. Goodin y Hans-Dieter Klingemann (edit.) *A New Handbook of Political Science* (pp. 479-502). New York: Oxford University Press Inc.

ZAKARIA, Farid (1997, November 1). "The Rise of Illiberal Democracy". En: *Foreign Affairs*. [Documento en línea] (pp. 22-43). Consultado el 28/5/2012 en: http://www.foreignaffairs.com/articles/53577/fareed-zakaria/the-rise-of-illiberal-democracy.

ZAMBRANO, María (1996). *Persona y democracia*. Madrid: Ediciones Siruela.

ZEMELMAN, Hugo (2003). *Los horizontes de la razón*. Vol. II: Historicidad y necesidad de utopía. Segunda edición. Barcelona: Anthropos Editorial.

ŽIŽEK, Slavoj (2003, April 14). *Demasiada democracia*. Columbia University. [Documento en línea] Consultado el 19/03/2012 en: http://www.lacan.com/toomuch.htm

ZOLO, Danilo (1994). *Democracia y complejidad. Un enfoque realista*. Buenos Aires: Editorial Nueva Visión.

Esta edición de
**Crisis de la democracia:
¿En el umbral de la posdemocracia?**
ha sido impresa por Amazon KDP